佛典選要

今譯、析義與應用

鄭偉鳴　周偉馳

——

編著

中華書局

目錄

前言

　　佛教形成於二千五百多年前人類文明突破的「軸心時代」，是文明源頭之一。當今，佛教與基督宗教、伊斯蘭教並列為三大世界性宗教，為多個民族、地區的人所信仰，有別於民族性或地域性宗教。在公元前後自印度傳入，佛教逐漸發展成為中國傳統文化的一部分，對中國人的思想、人生態度等多方面皆有深刻影響。漢傳與南傳、藏傳佛教組成的佛教三大地理體系，乃可供全人類共享的思想資源。

　　佛教思想體系宏大，典籍浩瀚。佛門課誦有一偈「當願眾生，深入經藏，智慧如海」，說的是若能深入佛典，便能獲得如海般深與廣的智慧，而其卷數繁多，也可以用「如海」來形容。編著佛學的書，如何從海量的典籍選擇作為內容，確是個難題。

　　昔有香港佛學家羅時憲教授（1914－1993）主持選輯工作，從《大藏經》中挑揀要籍，編成《佛經選要》，以方便大眾學習佛法。本書《佛典選要 —— 今譯、析義與應用》顧名思義，是從佛典中挑選「重要」的篇章，翻譯為現代語言，分析其義理，予以應用。書名借用了「選要」一詞，內容挑揀則經論並重。記錄佛的言教，或為佛所印證的，才能稱「經」（《六祖壇經》是

例外，是中國佛教唯一被尊稱為「經」的著作）。除「經」以外，本書也收輯「論」（即佛弟子對經、律中教義的解釋或重要思想的闡述），故書名用上「佛典」，而不是「佛經」。

那麼，什麼經論才稱得上「重要」？挑選標準為何？這得從本書的出版宗旨說起。本書的主要宗旨放在書名的最後部分 ——「應用」—— 即如何應用從佛典中獲得的智慧，而「選要」、「今譯」與「析義」則是幫助讀者學習、理解、掌握，進而應用佛典中的智慧。本書編著者認為任何宗教或哲理，能開啟智慧並用於解決人生問題，方有意義。從佛典中獲得的智慧指的是什麼？佛教是所謂人文宗教，並不承認有主宰一切的造物主，而是相信主要憑藉自己的修行，作內向的超越，以彰顯人文價值、淨化日常生活。佛教的終極目標或關懷是讓人得到「解脫」，也就是它的主要智慧。

所有經論可以說皆關於解脫道，本書選擇的主要是對解脫的理解、與修行較為關鍵和較易掌握的內容。解脫有不同層次：從日常生活煩惱解脫（世間法）到從生命輪迴中解脫（出世間法），前者是後者的鋪陳。佛教的解脫就是對治貪、瞋、痴等無明所造

成的煩惱、苦，進而了生死。宗教對人生問題的解決可以有哲學與信仰兩個進路。本書採取的是哲學治療（或諮詢），即運用佛教哲理中的智慧、方法，化解日常生活中的困惑、煩惱；而不是信仰治療，即透過祈禱或靈修的方式，對生理或心靈上的疾病，藉着神靈（包括上帝）的力量，予以紓解。佛教也有信仰治療的方面，但本書對此並無觸及。

　　本書另一宗旨是闡述佛教義理的發展梗概，好讓讀者對佛教思想體系有較為全面的了解。佛教經歷了義理發展的不同歷史階段，在其誕生地印度，大抵從初期、部派，到大小乘（大乘又分初中晚期），終結於秘密大乘；各自的義理與修行的着重不盡相同，並在不同時期，以不同的路線傳播至不同的地區。若以地理劃分，佛教則有三大義理體系 —— 南傳、漢傳與藏傳 —— 且各自與當地民族、文化傳統相互滲透，而產生新的特色，甚至義理；如在中國，就發展出甚具中國文化底蘊的禪宗。

　　本書盡量採用佛教不同時期、地理體系教義的經論，但由於篇幅等因素限制，不能不作取捨，主要考慮的是其對整體教義有否重大影響。本書挑選佛陀時代至今的十五部典籍，經佔八，論

佔七（包括《六祖壇經》）。就時期而言，經不在話下全出於古代，所選的論只有一部成於前近代（《菩提道次第廣論》），一部成於當代（《妙雲集》）。就地域而言，論書中的四或五部是在中國地區或為中國人所造（《大乘起信論》的出處有爭議）；對漢地論書的偏重，主要因為本書是以中文讀者為對象。從出於不同時期、地域的典籍，讀者可看到對義理的不同側重、發揮與發展，也從而加深對解脫道的理解。

　　本書的第三個宗旨是促進文化、宗教之間，甚至與科學的對話，這得一談本書出版緣起。過去十多年間，本書編著者與同事呂子德博士合作而成「中國經典系列」的《論語今譯時析》、《老莊今譯時析》、《孟子今譯時析》、《墨子今譯時析》（內容皆中英文對照，由耀中出版社出版）。佛家與儒家、道家並列為中國三大傳統文化；佛學不可能不觸及經的部分，而經全都是出於印度。有鑒於此，本書不放入「中國經典系列」，而單獨出版，但也可以視之為系列的延伸與完結。

　　有關對話，在中國內部，主要是儒佛道之間進行；在外部，則主要跟以基督宗教思想與古希臘哲學為基礎的西方文化進行。

相比「中國經典系列」的四冊，本書加大了對話的內容，一方面因為編著者在整理之前四冊與本書過程中加深了對經典義理的理解，更有能力豐富對話；另方面，本書乃有關文化整理的收官之作，故有意做較全面、深入的對話。內外對話目的是讓各文化、宗教增進相互理解、合作。

以上談論的本書出版的三個宗旨：幫助讀者應用佛教的解脫道；說明教義的發展；促進文化、宗教之間的對話。這三點也形成本書的特色，即：着重佛教義理的應用性，但兼顧其整體性的了解，並旁及主要文化、宗教之間的溝通。這三個宗旨或特色，總的來說，是要令人類生活、生存得更好：在個人層面希望有助於他們解決日常生活中的困惑、煩惱；在人類整體層面希望有助於文明間的互相理解，以共同應對面前的諸多嚴峻挑戰，包括戰爭、越來越巨大的不平等、環境生態惡化。

從「中國經典系列」中的儒道墨典籍，到本書對佛家經論的整理，編著者一貫地關注中國文化的前途。中國佛教既是中國傳統文化之一，也是世界佛教文化的一部分，故對中國人而言，佛教有本土文化也有世界性文化的屬性；它如何發展下去，不單牽

涉中國自身文化的發展，也關乎如何與世界其他文化的互動、甚至世界文化大局的演變。

歷史上，傳入中國的佛教在本土化過程中，與儒道相互滲透、激盪，催生了道教、禪宗、理學等教派、思想。在明代，儒佛道三教合流開始成為中國思想的常態；在此基礎上，中國民間進一步形成相互貫通、融合的信仰生態，以及繁雜的教派。合流讓儒佛道可以借鑒別家，以豐富自己的義理，且減少彼此間的紛爭；但合流令三教趨同、模糊甚至喪失自己的價值、貢獻。明代以來，儒佛道有一起衰落的勢態，這雖有其他內外因素所致，但無論如何，三教合流之利與弊，不能不加以正視、研究。三教當各自返本，即正本清源。以佛教為例，後來有天、神、鬼化的偏向，返本就是回歸以人類為本的佛陀本懷；當代人間佛法理論、實踐的建構，可視為返本同時開新的努力。三教返本是為了開新，知道自己的價值、貢獻所在，才能加以承傳、發揮、創新，也有助於對其他教派詮釋與整理。

當今在中國內地，儒佛道有面對官方意識形態如何自處、互動，以至相適應的問題。執政者以中國化的馬克思主義為其主導

思想，以到本世紀中葉全面建成社會主義現代化強國、全面推進中華民族的偉大復興為其中心任務。中華民族的復興，理所當然包括中華民族的文化復興。中共一再重申重視繼承、弘揚和創新性發展中華優秀傳統文化，並把它作為治國理政的重要思想文化資源。但傳統文化與主導意識形態有牴觸、對立的地方，所以，兩者要在大的方面求同；就以寫進中共黨章的「人類命運共同體」為例，相信是參照了儒家的「大同」思想，若也借鑒佛家的「人間淨土」、道家「藏天下於天下」等觀念，或可建構出一個更豐富、深刻、可操作的思想體系。此外，官方要以更寬闊、包容的態度看待傳統文化以存異，保有它們獨特的價值；而傳統文化自身的返本與開新也有助於與主導文化的磨合和互補。源於印度的佛教被接納、融入、豐富，以至改變中國原生文化的寶貴經驗，能提供來自西方的馬克思主義如何在中國文化土壤上存續作參考。若磨合和互補成功，儒佛道馬四「教」並存、共榮或許是個可以期待的文化願景；而它們的存續不一定是在形式、組織方面，而是表現在民眾的思想、人生態度上。

由於其世界性宗教文化屬性，佛教是中國與世界連接時可供

運用的很好資源。首先，相比之下佛教文化圈比儒家文化圈大，少些民族色彩，圈內不同民族因熟悉共同的宗教文化較易溝通，這可資中國利用促進對外交流。其次，中國佛教義理有其獨特的價值，且中文典籍在所有佛教地理體系中保存了最多的原始經論，故要全面研究佛學就不能不重視中國佛教。中國佛教有條件對世界佛教做出較大的貢獻，可以說，中國佛教是中國文化軟實力之一，也能夠幫助中國加強本身的文化自信、歷史自信。

如今，高度融入全球經濟、積極參與以聯合國為核心的國際體系的中國，是世界中的中國。但在中國與西方的意識形態分歧未減、綜合國力競爭和地緣政治衝突加劇等情形下，中國文化與曾經代表現代性、在走下坡卻仍然處於支配地位的西方文化彼此之間仍充滿疑慮、緊張。不同文化的融合涉及所謂「文化主權」，這個問題對中國依然敏感。哲學家勞思光提出把文化中「開放成素」（具普遍性的部分）與「封閉成素」（被特殊歷史、社會或其他條件所限定的部分）加以區分，將中國與世界其他文化中具有超越傳統的普遍意義的成素會合，就不會牽涉到誰為主的問題。中國傳統文化不乏普遍性的部分，如何以平衡、與時俱

進的心態去檢視傳統文化，更好地把普遍性的部分提煉出來，將之與世界其他文化的開放成素會合，以至互相啓發、共同發展，當是關心中國文化前途，以至世界文化大局的人應該考慮做的事。

　　體例方面，本書內容依典籍的形成或出現的時序來編排，盡量完整地列出每則經論，顯示它們使用時的語境，幫助讀者理解。對每部典籍的作者或譯者、特點，都有扼要的介紹。由於部分典籍沒有分章節，為方便閱讀，若選用的內容較長則以數字標示，如《沙門果經》的六則、《大乘起信論》的四則，在《菩提道次第廣論》為摘錄的部分起名為〈三士道〉。從十五部經論選輯而成的本書也可當作一佛典精要資料彙編般使用，從中或許可一窺佛教義理的全貌。

　　最後，編著者謹向下列曾在本書的出版提供協助的人士表示謝忱：呂子德博士、劉國玲博士、黃為國先生、陳敏女士（以上皆為任職教育機構時的同事）、李想博士（中國社會科學院世界宗教研究所），以及李淑玲女士（佛教慈濟慈善事業基金會委員）；另參考了法師、學者、專家的寶貴意見。本書若有任何錯漏，皆是編著者的責任，盼方家指正。

《沙門果經・六則》

本則摘錄自屬初期佛教（或稱原始佛教）的《沙門果經》。佛教稱為經都是佛說，或佛所認可的。在教主釋迦牟尼佛住世時，他的教法只是口頭傳承，並沒有寫成文字；他去世後，弟子為了繼承他的傳教事業，開始以集體憶誦和討論的方法，收集整理他的言論，經過四次結集，形成了佛經。

　　佛教在其發源地印度的歷史發展可分為四個時期：初期、部派、大乘與秘密。通行的看法是佛教創始人釋迦摩尼（或稱佛、佛陀、如來、大覺者等）誕生於公元前 623 年，涅槃於公元前 543 年。初期佛教指佛陀證悟弘法到部派佛教形成前的階段，被視作佛教初早的核心教義。部派佛教指佛陀滅度百年之後僧團因對戒律等見解有異而產生不同部派的階段，先是上座部與大眾部的分裂，後又分裂為十八部派。大乘佛教指佛陀死後五百年，即約公元一世紀，才興起的「傾向於理想的、形而上的、信仰而又通俗化的」（印順，《印度佛教思想史》）教義。秘密佛教是印度晚期佛教的主流，仍屬大乘系統，從公元七至十二世紀，但它的一些內容的淵源相當早遠。

　　現存最早的佛經是據巴利語寫成的，後來的則用梵文。依

季羨林等學者研究，佛陀出生於當時印度北方邊陲的迦毗羅衛國（今尼泊爾境內），但一生遊行說法多半在摩揭陀國（約現在印度東北部的比哈爾邦），與弟子日常使用的語言是不純粹的摩揭陀語。早期傳誦與結集三藏聖典就是用這種語言，因此被稱為「聖典」（Pāli，中文音譯為「巴利」）語言。上座部佛教或南傳佛教（佛教從印度往南方或東南方地域傳播而形成的傳統），皆屬巴利語系佛教。

《沙門果經》有不同傳本，除了南傳巴利文長部之外，北傳還有三部漢譯本，分別為：後秦佛陀耶舍、竺佛念譯「長阿含」中的《沙門果經》（《大正藏》卷 1 ，頁 107）；東晉瞿曇僧伽提婆譯「增一阿含」（《大正藏》卷 2 ，頁 762）裏的異譯本；東晉竺曇無蘭譯《佛說寂志果經》（《大正藏》卷 1，頁 270）（3）。本則摘自佛陀耶舍、竺佛念共譯本。「長阿含」、「中阿含」、「增一阿含」和「雜阿含」組成北傳的初期佛教的基本經典「四阿含」。

（一）

原文

> 王白佛言：「我念一時至不蘭迦葉所，問言：『如人乘象、馬車，習於兵法，乃至種種營生，現有果報；今此眾現在修道，現得果報不？』彼不蘭迦葉報我言：『王若自作，若教人作，斫伐殘害，煮炙切割，惱亂眾

生，愁憂啼哭，殺生偷盜，婬逸妄語，踰牆劫奪，放火焚燒，斷道為惡。大王！行如此事，非為惡也。大王！若以利劍臠割一切眾生，以為肉聚，彌滿世間，此非為惡，亦無罪報。於恆水南岸，臠割眾生，亦無有惡報。於恆水北岸，為大施會，施一切眾，利人等利，亦無福報。』」王白佛言：「猶如有人問瓜報李，問李報瓜。彼亦如是，我問現得報不？而彼答我無罪福報。我即自念言：『我是剎利王，水澆頭種，無緣殺出家人，繫縛驅遣。』時，我懷忿結心，作此念已，即便捨去。」

今譯

　　大王對佛說：「我記起有一次到不蘭迦葉那裏，問到：『比如有人乘着大象、馬車，研習兵法，乃至於作各種謀生的事業，都呈現各種果報；現在大家（沙門）修習道法，能夠呈現果報嗎？』那個不蘭迦葉告訴我說：『大王您或者自己作的，或者教別人作的，斫殺、砍伐，殘害生命，用水煮，用火燒，用刀切割，擾亂眾生，使他們煩惱，憂愁哭泣，殺生、偷盜、淫逸（一般指邪淫）、妄語，跳牆入室，劫奪財物，放火焚燒，毀壞道路，做各種惡事。大王，做這些事，並不是做惡。大王，如果用鋒利的寶劍切碎一切眾生，做成肉聚，堆滿整個世間，這也不是作惡，罪行也沒有報應。在恆河水的南面，切碎一切眾生，也沒有惡報。在恆河水北面，作大法會布施，布施給一切眾生，有利於人，也沒有福報。』」大王對佛說：「就好像有人問什麼是瓜，對方回答

以李，問什麼是李，對方回答以瓜。他的話也是那樣的，我是問是否顯現果報，而他回答我沒有罪報和福報。我就自己說到：『我是剎帝利國王，水澆頭種姓，不能殺害出家人，把他捆綁起來趕走。』當時我心懷忿恨，有了這樣的想法後，就離開他了。」

析義與應用

這經文中的「佛」指釋迦牟尼。他與中國儒家的孔子、道家的老子都是距今二千五百多年前的智者，生活於在印度、中國、以色列和希臘同時出現人類文明突破的「軸心時代」，原名悉達多・喬達摩，屬釋迦族，為剎帝利種姓，父親是迦毗羅衛國國王淨飯王。釋迦牟尼就是釋迦族的「牟尼」（古梵文對聖者的尊稱），「釋」後來且成為中國出家人的姓。

佛教的產生，如同其他宗教、學說都有其文化、社會的根源與背景。佛教的業力與輪迴說，在印度文化及其他宗教（如婆羅門教）本來就有，釋迦牟尼將之繼承，但有所改造。就婆羅門所維護的種姓制度，主張眾生平等的釋迦牟尼則持反對立場。種姓制度指：婆羅門（教師、學者、祭司）、剎帝利（戰士、貴族）、吠舍（農民、商人、手藝人）以及首陀羅（勞務者）。種姓制度之外的賤民，世世代代從事最污穢的工作，如處理屍體、清除排泄物、屠殺動物等。佛教是對當時流行的婆羅門教的一種改革。

《沙門果經》闡述了佛教修行方法與果報，同時介紹了當時印度的多種思潮（所謂「外道六師」）—— 享樂主義、否定因果的懷疑論、宿命論、唯物主義、虛無主義等 —— 都是些人類恆

古至今都面對的人生哲理問題。對於六師的主張，佛陀予以反對。他的思想在多方面有着中和色彩，在事物兩個極端中加以分析，然後採取中道的立場。他建立緣起說，認為諸法（事物）是互為條件，互為因果。

這則經文故事的背景是這樣的：摩揭陀國未生怨王（阿闍世王）殺死父王，篡奪王位，因良心悔恨而寢食不安，經大臣介紹，前去拜訪佛陀討教一個問題：世人從事各種職業，今生各有成果，出家人是否今生也能獲得可見的成果？佛陀反問未生怨王，是否曾向他人問這個問題。國王回答說，他曾拜訪過六個哲學家，聽他們講述自己的理論。佛陀聽後，就按照出家、持戒、修定、智慧等，指出十四種今生次遞可見的「沙門果」（據《四十二章經》，沙門乃「識心達本，解無為法」的出家者，果是修行的果報）。國王聽後，皈依佛法，成為在家弟子。

「水澆頭」，以水淋頭為國王登基的灌頂儀式，「水澆頭種姓」即是指「王族」，因為只有王族的人才能受「以水灌頂」的登基儀式。這跟猶太人傳統中，要以油膏抹在國王的頭上的儀式類似。「罪福報」，就是犯罪會得到惡報，做好事會得到福報，二者都是「果報」，是由行為（原因）導致的。果報可分為「現報」，當下、當今、今世就得到報應。對於印度哲學來說（無論印度教還是佛教），果報亦有「來世報」，這輩子沒有報應，下輩子一定會有報應。

這段話中的「我」作為一國之王，負有治理全國人民，主宰其命運，涉及其幸福與否的使命。他的一言一行都會對百姓產生

影響，他說出的話就是命令，對百姓有生殺予奪的利害關係。可能意識到了自己的重要性，想好好治理國家，給予人民幸福，他就向哲學家求教。當時印度有諸多的哲學流派，他問到的第一個哲學家不蘭迦葉看來是個道德虛無主義，這個哲學家懷疑一切道德觀念，他認為，即使是殺人、盜竊、姦淫都不是作惡，根本就沒有什麼善惡的區別，任何行為都是無善無惡的，善惡只是人們的主觀判斷。既然沒有善惡，那麼，也就沒有由善惡分別帶來的果報，也就是說，既然沒有善行，也就不會有「善有善報」，既然沒有惡行，也就不會有「惡有惡報」。由於並沒有客觀的善惡的區別，也就不會有所謂的「惡報」與「福報」，我們只管放心地去任意妄為就是了。

這種哲學類似於德國哲學家尼采的唯意志論，即把意志自由和道德現象看作不受客觀規律和社會環境制約的東西。它也類似於存在主義式的「存在先於本質」觀，就是行為在先，結果在後，道德判斷在後，在我行動之先並無通常所謂「善」「惡」之類的規定好了的價值。只不過存在主義還是要講一個人要為自己的行為負責，一個人如果殺人，他就要承受被別人報復的後果。但是對於國王而言，在他統治的地方是他說了算，因此，他如果殺人，現世一般不會受到報復。

我們不知道這個哲學家不蘭迦葉是否是用一種反諷的態度在跟國王說話。但他的觀點跟當時印度哲學中一派倒是相合的。古印度著名梵文史詩講述，阿周那因道德觀念所束縛（為爭奪王位而殺同族人似不合道德），對參加俱盧之野大戰有所猶疑，黑天

神克里希那勸誡他「行動即一切」，破除他的顧慮，鼓勵他投入戰鬥。國王還是承認因果報應的，因此對不蘭迦葉的哲學不以為然，認為不過是胡說八道，耐住性子才聽完了他的話。

在承認「一個人只能活一世」（而無來世）的前提下，經驗確實可以證明「好人不一定有好報，壞人不一定有壞報」，但是這裏面仍然有一個「概率」大小的問題。從人的本性出發，人是互動的，「你敬我一尺，我敬你一丈」，投桃報李，禮尚往來，是人與人交往的常態。經驗同樣告訴我們，在熟人社會中，一個好人更容易得到人們的喜愛和尊重，也會得到人們更多的友好的回報；而一個壞人會被人們憎恨與迴避，更容易得到人們的報復。在陌生人社會中，為了使正義得到實現，犯罪得到懲罰，善行得到好報，人們設計了種種法律、政治制度和道德禮儀，來盡量地實現「善有善報，惡有惡報」。因此，老子才會在《道德經》中說，「天道無親，常與善人」——天道是沒有私情的，但是，它通常會站在善人一邊，幫助善人。這是一個大概率的事，雖然不是一個必然普遍的事。

所謂「果報」，涉及到原因和結果關係。佛經說：「菩薩畏因，凡夫畏果。」普通人只是懼怕「果報」，是受到他人的獎賞還是懲罰？這仍是從利害的角度來看待問題，也是一種「他律」，要靠外在的強力來約束自己的行為。但是境界高尚的人卻是能把前因後果都考慮清楚，預先就想到不讓結果發生，防微杜漸，不生煩惱。比如，一般人怕蟑螂，看到就尖叫，慌亂中把它打死，但卻不想到因，是家裏髒才引來了蟑螂（比如不把零食亂

放），因此把家裏衛生搞好，把零食和食物垃圾處理好，才不會有蟑螂。這就是從根本上解除了「惡報」的問題。做人同樣如此。如果從一開始就注意身、口、意的純正，就不會產生壞的念頭和行為，也就不會招來惡報。

（二）

原文

又白佛言：「我於一時至末伽梨拘舍梨所，問言：『如今人乘象、馬車，習於兵法，乃至種種營生，皆現有果報；今者此眾現在修道，現得報不？』彼報我言：『大王！無施、無與，無祭祀法，亦無善惡，無善惡報，無有今世，亦無後世，無父、無母，無天、無化、無眾生，世無沙門、婆羅門平等行者，亦無今世、後世，自身作證，布現他人。諸言有者，皆是虛妄。』世尊！猶如有人問瓜報李，問李報瓜。彼亦如是，我問現得報不？彼乃以無義答。我即自念言：『我是剎利王，水澆頭種，無緣殺出家人，繫縛驅遣。』時，我懷忿結心，作此念已，即便捨去。」

今譯

又對佛說：「我有一次到末伽梨拘舍梨那裏，問到：『比如現

在有人乘着大象、馬車，研習兵法，乃至於作各種謀生的事業，都呈現各種果報；現在大家修習道法，能夠顯現果報嗎？』他回答我說：『大王，沒有布施，沒有給予，沒有祭祀法，也沒有善惡，沒有善惡的果報，沒有今世，也沒有後世，沒有父親，沒有母親，沒有天眾，沒有化人，沒有眾生，世上也沒有沙門、婆羅門這些平等行的人，也沒有今世、後世，自身能夠證道，並布施別人。說有這些的，都是虛妄之言。』世尊！就好像有人問什麼是瓜，對方回答李，問什麼是李，對方回答瓜。他的話也是那樣的，我是問是否顯現果報，而他卻用『無』來回答我。我就自己說到：『我是剎帝利國王，水澆頭種姓，不能殺害出家人，把他捆綁起來趕走。』當時我心懷忿恨，有了這樣的想法後，就離開他了。」

析義與應用

比起上一個哲學家不蘭迦葉，末伽梨拘舍梨對事物否認得更加徹底。他不僅說善惡不存在，善惡的果報不存在，甚至認為沒有父母身生，也不存在沙門、婆羅門、修行和凡人的區別，修行是空的、無用的。哲學家這麼說，可能也是為了讓國王寬心，反正什麼都是虛妄不真實的，那你做了什麼也就等於沒有做什麼了。不過，對於國王來說，他之弒父得位卻是真實發生過的，無法減輕他的罪疚感，因此，他並不認為這種「徹底無」的回答能夠解答他的困惑，減輕他的疚歉。

如果真的像這個哲學家末伽梨拘舍梨說的那樣，世界上並無

善惡，亦無因果，則人的行為毫無意義，任意而為即可。但是別人的任意妄為對自己造成的傷害與自己的任意妄為對別人造成的傷害，卻一定會帶來「苦」，這種「苦」是真實的心理感受，並不是理性能輕易否定其存在的。佛教的出現就是為了解決這種心理的「苦」，認識心理背後造成「苦」的原因，以及如何達到消除「苦」的結果。佛教跟這種「根本無」的世界觀是不同的，注重分析造成「苦」的因果關係，也承認世俗事物的「真實性」，只不過不認為事物有永恆不變的自身性質，而是說世界是緣起而生，世事因緣起而有，人心執實於緣起，起了喜愛癡愛之心，才會行事，導致煩惱，引發種種悲劇。佛教的俗法和真諦是一體兩面，跟末伽梨拘舍梨的哲學是不同的。

（三）

原文

　　又白佛言：「我於一時至阿夷陀翅舍欽婆羅所，問言：『大德！如人乘象、馬車，習於兵法，乃至種種營生，皆現有果報；今者此眾現在修道，現得報不？』彼報我言：『受四大人取命終者，地大還歸地，水還歸水，火還歸火，風還歸風，皆悉壞敗，諸根歸空。若人死時，床輿舉身置於塚間，火燒其骨如鴿色，或變為灰土。若愚、若智取命終者，皆悉壞敗，為斷滅法。』世

尊！猶如有人問李瓜報，彼亦如是，我問現得報不？而彼答我以斷滅。我即念言：『我是剎利王，水澆頭種，無緣殺出家人，繫縛驅遣。』時，我懷忿結心，作此念已，即便捨去。」

今譯

又對佛說：「我又有一次到了阿夷陀翅舍欽婆羅那裏，問他：『大德！比如現在有人乘着大象、馬車，研習兵法，乃至於作各種謀生的事業，都呈現各種果報；現在大家修習道法，能夠顯現果報嗎？』他回答我說：『由地水火風四大元素構成的人，一旦命終，地這一元素就會回歸到地，水這一元素就會回歸到水，火這一元素的就會回歸到火，風這一元素就回歸到風，都會敗壞，所有根基都會一空了之。就好比人死的時候，把屍體放在床上托舉着置到墳塚間，用火燒他的骨頭，燒成白鴿一般灰白，或者變為灰土。不管是愚蠢人，還是聰明人，一旦嗚呼哀哉，就都全然敗壞，一了百了了。』世尊，就好像有人問什麼是瓜，對方回答李，問什麼是李，對方回答瓜。他的話也是那樣的，我是問是否顯現果報，而他卻用『一了百了』來回答我。我就自己說到：『我是剎帝利國王，水澆頭種姓，不能殺害出家人，把他捆綁起來趕走。』當時我心懷憤恨，有了這樣的想法後，就離開他了。」

析義與應用

阿夷陀翅舍欽婆羅是當時印度的唯物論者，主張「斷滅

論」，認為大宇宙和小宇宙（人）都由地水火風這四大元素聚合構成，一旦聚合結束，就空無一物了，「我」（靈魂）隨着身體的衰壞也必完全斷滅消失。人死之後，火化成灰，一了百了，留不下什麼。如果最終什麼都是虛空，那活着時爭取善惡果報又有什麼意義呢？

古代不同文明的哲學家都認為世界是由簡單的元素通過種種方式組成的。印度人認為世界是由地、水、火、風四種元素組成的；希臘人認為是由地、水、火、氣、乙太五種元素構成的，而中國古代則有金、木、水、火、土五大元素說。哲學家也思考這些元素「消失」後，小宇宙（人）將會如何。

中國人常說「人生一世，草木一秋」，人跟草木本質上也沒有什麼區別，死之後就歸於虛空了。中國人這種唯物論的後面，含有「氣」的觀點，生是「氣聚」的結果，死則是「氣散」了。由於這種觀點不承認個體靈魂不朽，因此人的身體死亡也就是全人的死亡，也不會有來世，因此常常導致「及時行樂」的思想。但它也可以讓人有儒家所推崇的淑世精神，因為生命只有一次，要抓緊時間做有意義的事情。

從邏輯上，唯物論人生觀不一定必然導致「腐敗的人生」，因為中間還會有許多環節。唯物論也可以有人道主義。比如，一個人死後可以將器官捐贈給需要的人，如眼角膜、肝、腎等，可以說一個人死後可以另一種方式活着。就精神而言，科技為現在討論「永生」問題增加了新的維度。一個人的記憶可以存貯在網路裏，在網路裏實現「永生」。同時，「死」的觀念在變：何為

死，是否將來人的思想、意識、記憶，可以移植到機器，或別的人（類人）的身體上去？

（四）

原文

又白佛言：「我昔一時至波浮陀伽旃延所，問言：『大德！如人乘象、馬車，習於兵法，乃至種種營生，皆現有果報；今者此眾現在修道，得報不？』彼答我言：『大王！無力、無精進，人無力、無方便，無因無緣眾生染着，無因無緣眾生清淨，一切眾生有命之類，皆悉無力，不得自在，無有冤讎，定在數中，於此六生中受諸苦樂。』猶如問李瓜報，問瓜李報。彼亦如是，我問現得報不？彼已無力答我。我即自念言：『我是剎利王，水澆頭種，無緣殺出家人，繫縛驅遣。』時，我懷忿結心，作此念已，即便捨去。」

今譯

又對佛說：「我曾有一次到了那個波浮陀伽旃延那裏，問他：『大德！比如現在有人乘着大象、馬車，研習兵法，乃至於作各種謀生的事業，都呈現各種果報；現在大家修習道法，能夠顯現果報嗎？』他回答我說：『大王！沒有作用，沒有精進的人，人

沒有作用，也沒有方便。眾生染污無因無緣，眾生清淨也無因無緣。一切有生命的眾生，都沒有作用，得不到自在，沒有冤也沒有讎，一切都有其定數，在這六生中輪迴，受諸般苦樂。』就好像有人問什麼是瓜，對方回答李，問什麼是李，對方回答瓜。他的話也是那樣的，我是問是否顯現果報，而他卻用『沒有作用』來回答我。我就自己說到：『我是剎帝利國王，水澆頭種姓，不能殺害出家人，把他捆綁起來趕走。』當時我心懷憤恨，有了這樣的想法後，就離開他了。」

析義與應用

波浮陀伽旃延看來是個宿命論者。他認為一切無因無果，無緣無由，皆由命定，故人無力改變。一切都已定好有定數，跟你個人努力沒關連。這種觀點是要阿闍世王認命，不去補救，不去努力追求好的果報，延續現狀就好了，當然也是國王不想聽的。

在現實生活中，有的人家庭環境不好，但通過自己的努力，逆天改命。中國人一方面相信命，另一方面則強調人自己的努力，可以改變「運」。有些人把人生成功秘訣歸納為「一命二運三風水，四積陰德五讀書，六名七相八敬神，九交貴人十養生」，有一定的道理。比如，如果你所在的時代正逢國家命運整體衰落，那你的整體命運也不會好到哪裏去（想一想你如果活在晚清或民國大概率是個什麼樣子），但是你可以通過後天努力改變自己的命運，達到一個相對較好的位置。這可印證佛教因緣果報的理論。佛教繼承了印度傳統哲學的輪迴說，提出「三世因

果」（過去世、現在世、未來世），一個人前世做了善或惡，今世會有相應的果。有說「定業不可轉」，指前世造的「舊業」，受制於因果法則，必然有相應的果。定業是堅固的執着，但能不能轉，還主要看個人，若不肯轉，佛也幫不上忙。所以說，佛不度眾生，眾生是自己度的。因此佛教講「運命」，運起命來，自己掌握。因緣果報，就是叫人不要安於定命，而是要加以改變，發揮主觀能動性，在今世努力行善去惡，造就善因善緣，使來生境況變好，甚或使現世的惡果輕受。

在今天，不管你信不信三世因果，但也會面臨同樣的問題。就是，如果出生家庭、環境、國家對我不利，使我相對於別人處於劣勢，那我是否還有改變命運的機會？應該說，當代教育普及，而全球化使人的見聞極大擴充，機會越來越多，「世上無難事，只怕有心人」，只要專心致志地幹好一件事，還是有成功的可能。

（五）

原文

又白佛言：「我昔一時至散若夷毘羅梨子所，問言：『大德！如人乘象、馬車，習於兵法，乃至種種營生，皆現有果報；今者此眾現在修道，現得報不？』彼答我言：『大王！現有沙門果報，問如是，答此事如是，此

事實，此事異，此事非異非不異。大王！現無沙門果報，問如是，答此事如是，此事實，此事異，此事非異非不異。大王！現有無沙門果報，問如是，答此事如是，此事實，此事異，此事非異非不異。大王！現非有非無沙門果報，問如是，答此事如是，此事實，此事異，此事非異非不異。』世尊！猶如人問李瓜報，問瓜李報。彼亦如是，我問現得報不？而彼異論答我。我即自念言：『我是剎利王，水澆頭種，無緣殺出家人，繫縛驅遣。』時，我懷忿結心，作是念已，即便捨去。」

今譯

又對佛說：「我曾有一次到了散若夷毘羅梨子那裏，問他：『大德！比如現在有人乘着大象、馬車，研習兵法，乃至於作各種謀生的事業，都呈現各種果報；現在大家修習道法，能夠顯現果報嗎？』他回答我說：『大王！現在有沙門的果報嗎？如果有人這麼問，就這麼回答：這事為有，這事為無，這事為非無非無無。大王！現在沒有沙門的果報嗎？如果有人這麼問，就這麼回答：這事為有，這事為無，這事為非無非無無。大王！現在非有非無沙門的果報嗎？如果有人這麼問，就這麼回答：這事為有，這事為無，這事為非無非無無。』世尊！就好像有人問什麼是瓜，對方回答李，問什麼是李，對方回答瓜。他的話也是那樣的，我是問是否顯現果報，而他卻用『異論』來回答我。我就自己說到：『我是剎帝利國王，水澆頭種姓，不能殺害出家人，把他捆綁起

來趕走。』當時我心懷憤恨，有了這樣的想法後，就離開他了。」

析義與應用

　　散若夷毘羅梨子大概是個邏輯學家，但他的邏輯學走向了詭辯。他分析了「果報」有否存在的各種可能，本質上是一種機械化的套路，但是文不對題，並不能回答國王的問題。因為國王需要的是做一個決斷，做一個選擇，而他卻只滿足於跟選擇無關的邏輯可能性。因此，雖然聽上去好像頭頭是道，邏輯滿滿，卻完全不着邊際。他如果知道國王的過去，心裏就應該清楚國王的問題何在，但他這樣回答，看來是要迴避問題，不用為國王的選擇負責了。難怪國王對他很生氣了。

　　詭辯的例子，在中國哲學中也有。比如儒家的孟子的「強辯」，墨子的「殺盜非殺人」，惠施的「白馬非馬」論。但這個哲學家散若夷毘羅梨子還跟詭辯不一樣，他簡直是在「以不答而答」呢！

　　我們回答別人的問題時，不應該像這個哲學家那樣文不對題，面面俱到，邏輯上沒問題，但就是不切題，跟問題隔了十萬八千里，八桿子打不着。

（六）

原文

又白佛言：「我昔一時至尼乾子所，問言：『大德！猶如人乘象、馬車，乃至種種營生，現有果報；今者此眾現在修道，現得報不？』彼報我言：『大王！我是一切智、一切見人，盡知無餘，若行，若住、坐、臥，覺悟無餘，智常現在前。』世尊！猶如人問李瓜報，問瓜李報。彼亦如是，我問現得報不？而彼答我以一切智。我即自念言：『我是剎利王，水澆頭種，無緣殺出家人，繫縛驅遣。』時，我懷忿結心，作此念已，即便捨去。」

今譯

又對佛說：「我曾有一次到了尼乾子那裏，問他：『大德！比如現在有人乘着大象、馬車，研習兵法，乃至於作各種謀生的事業，都呈現各種果報；現在大家修習道法，能夠顯現果報嗎？』他回答我說：『大王！我是有一切智慧，一切洞見的人，我全知無遺，不管是行，是住，還是坐和臥，我都覺悟而無遺漏，智慧總是在我心頭。』世尊！就好像有人問什麼是瓜，對方回答李，問什麼是李，對方回答瓜。他的話也是那樣的，我是問是否顯現果報，而他卻用『我啥都知道』來回答我。我就自己說到：『我是剎帝利國王，水澆頭種姓，不能殺害出家人，把他捆綁起來趕走。』當時我心懷憤恨，有了這樣的想法後，就離開他了。」

析義與應用

尼乾子是耆那教創立者，他有些主張近似佛教，如否定吠陀教權，誡殺生等，但勸苦行。在這一則，他像尼采那樣吹噓自己：看哪，我為什麼如此聰明？國王雖然地位尊貴，但看來尼乾子也不把他放在眼裏，認為自己是萬能的，沒有什麼問題是解決不了的。正如中世紀有「神學大全」，現在也有「哲學大全」、「人生大全」，用一大套模棱兩可的話術來回答所有問題。而實際上，具有自省能力的哲學家知道自己的局限性，知道自己作為一個有限的人，可能只是對某一個方面有一點洞見而已。希臘哲學的開山鼻祖蘇格拉底，在走訪了當時的許多「哲學家」後得出結論：他們都不是有智慧的。而他自己呢？他承認自己是無知的。而這恰恰才是智慧。中國的孔子也很謙虛，他說自己並非生來就知道，是後天經過艱苦的學習才獲得知識的。

人很容易自戀、自大，懂得一點知識後就狂妄自大，青少年如初生之犢不怕虎，思路還沒有固化，有很多發展的可能性。但是青少年也應該保持謙虛，因為在海量的知識中，我們能學習到的、弄明白的只是極小的一部分。當代學科分支越來越細，一個人能在一個很小的領域裏做出成就，就已經很了不起了，實在沒有「全知」的可能，如果不懂裝懂，那就可惡了。

《沙門果經》談及的因果性是佛教的重要立論基礎。有科學家認為，人類習慣將事件組織為一連串的因和果，因人類神經系統要做出可以行動的決定，而預測這些決定的後果對生存是重要的。在二十世紀初創立、現已應用於眾多學科的量子力學的實驗

擾亂因果順序或關係，引出量子力學是否能夠否定自然中因果律的問題。量子力學的不確定性原理是其基本原理之一，是基於概率。而佛法講因緣果報，當中的「緣」是成就「主因」的種種條件，也涉及概率，如遇到的機會、碰上什麼人、自由意志的發揮。因果性固然是佛教認為宇宙萬有生滅變化的普遍法則，也用來警惕世人諸惡莫作，眾善奉行；若沒有制約，人一生將肆無忌憚，夠可怕的。這與基督教由上帝根據人生前的行為作最後審判，令他們上天堂或下地獄，道理差不多。

但「業力」只是佛教闡述的多種因緣之一。根據緣起法，世間的一切事物是由種種因緣和合而成，如一個錯綜複雜的網絡，跨越時空，把有情和無情世間交織在一起。斯里蘭卡的那爛陀長老（Narada Mahathera）在《佛陀和他的教誨》一書，理出五種法則／規律來說明事物運行之道：「物理法則」、「遺傳法則」、「自然法則」、「業力法則」，以及「作意法則」。因此，我們不該把人生的各種際遇簡單地歸於業報。

在《沙門果經》中，佛陀主要講沙門順序學習（正見、正行）的現報利益。「現報」有現世、當下就可體證、獲得的意思；佛法中的戒、定、慧、神通等都是現報，就算涅槃（達到超脫生死、超脫一切煩惱的精神境界）也是今生的。包括《沙門果經》在內的《阿含經》是佛教初期的經典，有論者認為較接近佛陀的本懷。當代佛學思想家印順法師說，他讀到《阿含經》與各部廣「律」時，「有現實人間的親切感、真實感……而深信佛法是『佛在人間』、『以人類為本』的佛法。」（《華雨集》）就其根本來說，

佛法針對現實人生哲理的問題，對治人的愚癡與煩惱，讓人得到
解脫。

《雜阿含經・無明蓋，愛結繫》

收錄本則的《雜阿含經》是依佛法教類——五蘊、六入處、界、因緣、四諦、三十七道品等——將眾多相應的短經編成集，而彙成一部。「四阿含」是以《雜阿含經》為根本。漢譯《雜阿含經》推定為根本說一切有部傳本，與對應的巴利本《相應部》一起，被學術界認為是接近原始佛教原貌的佛陀言論集之一。

原文

　　如是我聞：一時，佛住舍衛國祇樹給孤獨園。爾時，世尊告諸比丘：「眾生於無始生死，無明所蓋，愛結所繫，長夜輪迴生死，不知苦際。諸比丘！譬如狗，繩繫着柱，結繫不斷故，順柱而轉，若住、若臥，不離於柱。如是，凡愚眾生，於色不離貪欲，不離愛，不離念，不離渴，輪迴於色，隨色轉，若住、若臥，不離於色。如是，受、想、行、識，隨受、想、行、識轉，若住、若臥，不離於（受、想、行、）識。諸比丘！當善思惟，觀察於心。所以者何？長夜心為貪欲所染，瞋恚、愚癡所染故。比丘！心惱故眾生惱，心淨故眾生

淨。比丘！我不見一色種種，如斑色鳥，心復過是。所以者何？彼畜生心種種故色種種。是故，比丘！當善思惟，觀察於心。諸比丘！長夜心貪欲所染，瞋恚、愚癡所染；心惱故眾生惱，心淨故眾生淨。比丘當知！汝見嗟蘭那鳥種種雜色不？」答言：「曾見，世尊！」佛告比丘：「如嗟蘭那鳥種種雜色，我說彼心種種雜，亦復如是。所以者何？彼嗟蘭那鳥心種種故，其色種種。是故，當善觀察，思惟於心，長夜種種貪欲、瞋恚、愚癡所染；心惱故眾生惱，心淨故眾生淨。譬如畫師、畫師弟子，善治素地，具眾彩色，隨意圖畫種種像類。」

今譯

　　我們聽佛這樣說過：有一個時候，佛陀住在舍衛國的祇樹給孤獨園裏。那時，世尊告訴諸位比丘說：「眾生自從無始的生死以來，都被無明所覆蓋，都被愛結所繫縛，而在漫漫長夜輪迴於生死之中，不知苦際！諸位比丘啊，認真聽我講！就好比狗兒，被繩子繫在柱子上一樣，繩子繫着牠不截斷，牠就會順着柱子轉來轉去。不管是站着還是趴着，牠都離不開那柱子。癡癡傻傻的眾生，都跟這條狗一樣，對於一切色相都是離不了貪欲，離不了愛，離不了念想，離不了渴望，因此才會在色相中輪來輪去，隨着色相兜來轉去。不管是站着還是躺着，都離不了色相。如此這般，既來了受、想、行、識，便跟着受、想、行、識繞來繞去。不管是站着還是躺着，都離不了（受、想、行、）識。各位比丘

啊！你們要善於想問題，對自己的心理有一種反省。為什麼呢？因為心在長夜裏都被貪欲所染，被瞋恚、愚癡所染了。比丘啊！如果心生煩惱，眾生就會煩惱，如果心裏清淨，眾生就會清淨。比丘啊！我就不會在同一種顏色中硬要分辨出種種顏色來，搞得跟羽毛斑駁的鳥兒一樣。可是眾生之心搞得比這還過分。為什麼呢？因為那些畜生的心搞出了種種花樣，所以牠們看到的色相才五彩繽紛。所以啊，各位比丘！你們要善於想問題，多反省反省自己的心理活動。各位比丘啊！心在長夜裏被貪欲污染了，被瞋恚、愚癡污染了；心生了煩惱，眾生就有煩惱，心如果清淨，眾生就會清淨。比丘們，你們當知道！你們看見嗟蘭那鳥，牠的身上有種種雜色嗎？」諸比丘回答說：「看到過的，世尊！」佛告訴諸比丘說：「像嗟蘭那鳥有種種的雜色，我要說是因為牠的心裏有種種雜亂，才長成了這樣。為什麼呢？因為這個磋蘭那鳥心裏有種種亂七八糟的東西，牠身上的顏色才會雜七雜八。所以啊，你們要善於觀察，對自己的心多加反省，它在長夜裏被種種貪欲、瞋恚、愚癡染得污七八糟了。由於心裏煩惱，眾生才會惱亂，如果心裏清淨，眾生就會清淨。這就跟畫師和畫師弟子那樣，只有素描底子打好了，才能用各色顏料隨心所欲地畫出種種圖像類。」

析義與應用

我們在日常生活中，會耳聞目睹形形色色的東西，可能是物質、美色、名譽、地位、權勢，受到其中一些的吸引，欲求得

到。我們得不到就會產生煩惱，得到後會有滿足、暫時的幸福感，但又會為持續擁有它而產生新的煩惱，如果失去，又會產生悲傷、虛幻感和失落感。

佛教有一整套哲學來分析煩惱產生的原因，對於「貪瞋癡」的分析尤其細緻。可以少年人對於「美」的貪戀為例加以說明。一個青年男子在人群中看到一個美少女，眼前一亮，起了「她真漂亮」的判斷，同時產生了「愉悅」、「喜歡」的感覺，希望對她有更多的了解和接觸。如果那個少女對他也有這樣的感覺，兩個人可能就進入戀愛狀態，初期通常會如膠似漆，許願永不分離。他由於太在意對方，容易生起醋意，且有時因很小的差異爭吵，後來由於各種問題矛盾逐漸增多，感情發生裂痕。對方提出分手，但他卻不願分手，「貪」念仍舊熾熱，「瞋怒」成了家常便飯，每天「癡」想着恢復原先的狀態，還可能會產生過激的想法，用暴力維繫原有關係，比如用自殘來要脅對方。

世界各地每天有各種各樣的刑事案件，以及社會倫理慘劇。有的起因於嫉妒（如同學成績好，搶佔了自己的獎學金或出國機會，而對他投毒），有的起因於尊嚴受損（如某甲對某乙挖苦、貶低），有的起因於醋意（三角戀愛之類），有的起因於貪婪（如搶劫有錢人），有的起因於衝動（如爭吵中暴擊致人死亡）……案主都處於佛陀所說的「無明蓋，愛結繫」狀態當中，每天都在執着於對事物的「貪瞋癡」，圍繞着它們打轉，不能反省自己的生活。如果大家能夠學到一些佛教的哲學方法，對情感的因緣有所分析，領悟到世上並無不變的東西，不能執着為永恆的實有並

依賴之，任何事情都有生住異滅，緣起緣滅，要通透地接受，如此，就不致鬧出人間慘劇了。

在各類學說或宗教中，對於人的不良情感都進行過描述和分析。比如，莊子就說，「至人之用心若鏡，不將不迎，應而不藏，故能勝物而不傷。」他意謂：得道的人處在這個世間，對於各種現象和意念，「不將不迎」，不拒絕也不歡迎，聽其自然；「應而不藏」，對這些意念，就跟鏡子照東西一樣，「物來而應，過去不留」，心中不藏恩怨是非，過去了就過去了，不留下成為「積怨」、「積恨」，不是輾轉反側睡不着，越想越生氣，而是相反，睡一覺就忘掉了昨天所有的不愉快；「至人」的心很平靜，「故能勝物而不傷」。若人修養到這樣，心裏也就沒有貪瞋癡這類負面情感。古希臘和羅馬帝國時的派斯多葛主義相信美德出於自我節制和理性，以及對別人的公平公正，而擁有美德可以得到持久的幸福和真正的自由，不受貪瞋癡所苦。其代表思想家塞內卡的一句名言為：請告訴我誰不是奴隸？有的人是「色欲」的奴隸，有的人是「貪婪」的奴隸，有的人是「野心」的奴隸，所有的人又都是「恐懼」的奴隸。這裏說的「奴隸」就如佛陀在這則中所說的被「無明所蓋，愛結所繫」的眾生。在基督教中，有所謂「七宗罪」，講的是罪行的心理根源，按罪行的嚴重程度，由輕到重依次為：色欲、暴食、貪婪、懶惰、暴怒、嫉妒、傲慢。傳統的宗教教育中，都會教導孩子注意這些心理現象，令他們從小就學會反省和克制自己，消除一些心理隱疾。中國藏區的藏傳佛教寺院的牆壁上常常畫上表達法義的題材的圖像，就算不

認字的人也可以了解，當地居民耳濡目染，可說是克服「貪瞋癡」的一種教育。在現代教育體系中，許多家長和學生則一味注意考分，為進名牌大學而競爭拼搏，忽略了心理和倫理觀的建設，不懂得正確對待負面心理現象（比如如何對待同學間競爭），導致了很多問題。現代教育應該吸收一些傳統智慧。

佛教很注意破除「執着」，認為其哲學原因是看不透事物的「緣起性空」，把事物看成實在不變的東西去追逐，最終引發煩惱和苦難。「執着」的相反詞就是「放下」。佛教有一個公案故事。一個老和尚帶着小和尚下山辦事，路過一條小河時，發現一個女子在河邊乾着急，因為沒有船，她沒有辦法過河。老和尚見此情形，就把女子背過了河，小和尚跟在後面也蹚過了河。兩個和尚和女子分別後，走了很長的路後，憋了很久的小和尚忍不住對老和尚說：「師父，我想問你，出家人不是不應該近女色嗎？」「是啊！」「那剛才師父怎麼把那個女施主背在背上過河了呢？」老和尚對小和尚說：「哦？你還惦記着這件事啊？我早就把女施主放下了，你卻一路上還背着她啊！」老和尚是幫那個女子過河，是助人為樂，他心裏並沒有起色心，事過也就忘記了。反而小和尚執着於「男女授受不親」的戒律，心裏總是想着男女之情，才會一路上惦記着女子，這才是真正的「執着」於色啊。

「執着」容易產生「心病」，把微小的事誇大，把正常的事扭曲。中文裏有好幾個表達這種因「執着」而「生病」的成語。「疑人盜斧」講一個人找不到家裏的斧頭，懷疑是鄰居偷了，就關注鄰居的一舉一動，老覺得鄰居的每一個動作都顯示偷了他的

斧頭，直到有一天，他在自己家裏的閣樓裏發現了斧頭，才發現原來錯怪鄰居了，這時一一回想，鄰居的每一個動作都不像是偷了他的斧頭的樣子了。再如「杯弓蛇影」，講一個人到朋友家裏作客喝酒，掛在牆上的一張弓的影子投映在酒杯裏，看起來像一條蛇，但礙於朋友的面子，猶豫地喝下了酒，但他總覺得蛇一直在杯子裏，喝的是毒酒，回家後就感到肚子疼，生了病不敢出門，幾天後朋友來看他，問明情況，再請他到他家裏喝酒，並且把牆上的弓指給他看，他這才清楚杯裏並不是蛇，而只是弓影，他的病也就豁然治癒了。所以，他不是腹病，得的是心病，全是由疑神疑鬼而導致的。

同理，對於青少年來說，要對自己的興趣、角度和主觀性有一定的反思能力，不要陷在自己的主觀情緒裏，尤其是在碰到一定的挫折和困境時，不要鑽牛角尖，不要主觀地疑神疑鬼，積怨積恨，而要及時地排遣和疏通自己的主觀性，更主要的是從自己身上找原因，找到癥結，開闊心胸，還自己一個健康疏朗的世界。

佛教認為人被貪瞋癡（無明）所遮蔽，受渴求貪愛的驅使，一直活在憂悲煩惱（苦），在生死中打滾（輪迴），要滅苦，要跳脫生死，就要依法修行，破除執着，從源頭上做起。

《箭喻經》

本則摘錄自《中阿含經‧卷第六十‧箭喻經第十》,《雜阿含經‧卷第十六‧四〇八》與《雜阿含經‧卷第三十四‧九六二》也有記載。

原文

　　猶若有人身中毒箭,彼親屬慈湣之,欲令安隱、欲饒益之,求索除毒箭師。於是彼人作是念:「我不除箭,要知彼人己姓是、字是、像是,若長若短若中,若黑若白,若剎利姓、若婆羅門姓、若居士姓、若工師姓,若東方南方西方北方誰以箭中我?我不除毒箭,要當知彼弓,為是薩羅木、為是多羅木、為是翅羅鴦掘梨木?我不除毒箭,要當知彼筋,若牛筋、若羊筋、若氂牛筋,而用纏彼弓?我不除毒箭,要知彼弓弛,為白骨耶、為黑漆耶、為赤漆耶?我不除毒箭,我要當知彼弓弦,為牛筋、羊筋、氂牛筋耶?我不除毒箭,要當知彼箭,為是舍羅木、為是竹耶、為是羅蛾梨木耶?我不除毒箭,要當知彼箭筋,為是牛筋、羊筋、氂牛筋耶,而用纏箭

耶？我不除毒箭，要當知彼毛羽，是孔雀耶、為是鶬鶴
耶、為是鷲耶，取彼翅用作羽？我不除毒箭，要當知彼
鐵，為是婆蹉耶、為是婆羅耶、為是那羅耶、為是伽羅
鞞耶？我不除毒箭，要當知彼鐵師，姓是、字是、像
是，若長若短若中，若黑若白，若在東方若南方若西方
若北方？」彼人亦不能知，於中間當命終。

今譯

　　這就好像有一個人，身上中了毒箭，他的親人憐惜他，要讓
他痊癒，於是尋找醫師，給他治療。可是那個中箭的人卻產生
了這樣的想法：「我不要拔除這支毒箭，除非我知道射箭的人何
姓何名，模樣如何，個兒是高是矮，還是中不溜秋，膚色是黑是
白，種姓是剎帝利還是婆羅門，是商人還是平民。還有，這支箭
是哪個人從東南西北哪一個方向射來射中我的。我不要拔出這支
毒箭，除非我知道它的弓是用什麼木頭製成的，是薩羅木、多羅
木，還是翅羅鴦掘梨木？我不要拔出這支毒箭，除非我知道纏在
弓上的筋是哪種動物筋，是牛筋、羊筋，還是犛牛筋？我不要拔
出這支毒箭，除非我知道弓把是什麼顏色。是白骨色，是黑漆，
還是紅漆？我不要拔出這支毒箭，除非我知道弓弦是用什麼製成
的。是牛筋、羊筋，還是犛牛筋？我不要拔出這支毒箭，除非我
知道這支箭是用什麼木頭製成的。是舍羅木，還是竹子，還是羅
蛾梨木呢？我不要拔出這支毒箭，除非我知道它是用什麼動物的
筋綁成的，是牛筋、羊筋，還是犛牛筋？我不要拔出這支毒箭，

除非我知道箭尾用的羽毛是哪種動物的。是孔雀、鷦鶘，還是鷲翅膀上的羽毛？我不要拔出這支毒箭，除非我知道這箭頭是用哪種鐵製成的，是婆蹉還是婆羅，是那羅還是伽羅鞞？我不要拔出這支毒箭，除非我知道打鐵的師傅姓甚名誰，模樣如何，是高是矮，還是中不溜秋，膚色是黑是白，住在東南西北哪個方位。這個愚蠢的傢伙啊！」在他還沒有得到答案的時候，早就一命嗚呼了。

析義與應用

　　這個拔毒箭的故事中的人物摩羅鳩摩羅是佛陀的一名學生，喜歡思考「十四難」問題。他念茲在茲，卻無法找出答案，因此寢食難安。一天他終於忍不住了，帶着自己的衣缽走到佛陀的住處，跟佛陀說：「佛陀，請為我解答十四難的問題，如果我明白了，就繼續留在僧團。如果您無法為我解答，我就要離開您，另尋名師了。」佛陀聽他這麼說，就把他斥責了一番，說，你如果把時間都用來追問這些問題，你的生命可能就在追問中毫無意義地完蛋了。解決這些問題對於你的生命並無好處。然後，佛陀就說出了著名的「毒箭」的比喻。

　　這個摩羅鳩摩羅所問的「十四難」又稱為「十四無記」，指十四個超越經驗認知層次的問題，無法加以敘述或說明。《大智度論‧卷二》記載其為：「世界及我常？世界及我無常？世界及我亦常亦無常？世界及我亦非有常亦非無常？世界及我有邊？無邊？亦有邊亦無邊？亦非有邊亦非無邊？死後有神去後世？無

神去後世？亦有神去亦無神去？死後亦非有神去亦非無神去後世？是身是神？身異神異？」對這些問題，佛陀並不回答。在《箭喻經》裏，佛陀解釋了為什麼不討論「十四難」：當務之急是救人脫離苦海，治療人生中的疾病，而不是不着邊際地去討論無關痛癢也超出人類能力的抽象問題。「箭喻」就形象地說明了這一點。講完箭喻後，佛陀說：「什麼是我一直以來所講述的？苦、苦的原因、苦的滅除、和滅除苦的方法，這是我一向所講述的。為什麼呢？因為這是有意義的，這是解脫生死的方法。這能成就神通，成就梵行，證悟涅槃，甚至可以與道相應，所以這我一直以來所講述的。那些沒有必要討論的問題，應當摒棄它。我一向所講述的，應當學習，應當持守。」後來這個學生聽了佛陀的教誨，集中精力學習佛法，最後證得了阿羅漢果。

可見，佛陀的「初心」，是要解決人生的煩惱和痛苦的問題。為此，就要抓主要矛盾，解決根本問題，不要在枝節、無關痛癢的問題上花時間精力。孟子講「當務之急」也有類似的意思。《孟子‧盡心上》云：「知者無不知也，當務之急，仁者無不愛也，急親賢之為務。」就是指當前應該做的事情中最急需辦的事，而仁慈的人，對什麼都給予關愛，但知道要先親近有賢德的人。原始佛教非常實在，直奔主題而去，不像後來佛教那樣涉及宏大問題。

人生同樣如此，事情要分輕重緩急，不要糊裏糊塗地節外生枝，枝枝蔓蔓，耽誤主要目標。比如，有一些博士生讀了十二三年書仍沒有拿到博士學位，其中一部分人不是才華不夠，而是野

心太大，在寫論文過程中，發現有很多領域自己沒有搞清楚，因此就不斷地涉足新領域，選修新課程，結果導致涉及的學科越來越多，面越來越廣，使得論文無法「聚焦」，多年下來成了一個百科全書式的學者，卻無法解決論文主要的問題。其實博士論文只是鍛煉一個人提出和解決某個特定問題的能力，有一定的年限要求，並非要你解決所有的大問題。如果總是在周邊領域繞來繞去，十年二十年都不能寫出一篇博士論文，那就跟這個「毒箭喻」所說的那個不急着拔除毒箭，倒急着問些不相干問題的中箭者一樣，人生就被耽擱了。

原始佛教的初心，其實就是要治病救人，它治的病是「心病」。就此說來，它更像是今天所說的「心理治療」，是一種更為根本的「心理治療」，可以稱之為「哲學治療」。人們的心裏受到了創傷，或者受到了良心的譴責，或者受到了事情的衝擊，如老、病、死方面，而感到虛幻、痛苦等，想尋求安慰，緩解人生的困境，佛陀會提供指導、一個新的世界觀，以看清迷誤；新世界觀會帶來新的價值觀，按照新的價值觀來生活，就可以有一個新的人生。這樣的人多了，就可以構成一個新的社會和世界。佛教本來是一種心理醫療的實踐，不是概念遊戲，但後來從事佛教的人越來越多，要解決的問題越來越多，包括「十四難」，搞出了很多的「名相」和「理論」（如佛教天文地理等），搞出了繁瑣的佛教哲學。一個人一輩子皓首窮經，可能也讀不完那些佛經，這時的佛教就需要一把「奧康剃刀」，把一些不必要的術語和理論裝置剃掉。這時候還不如回到原始佛教、佛陀的初

心 —— 也就是精神治療，使人得到「解脫」。古代希臘和羅馬時代的哲學，也跟精神治療聯繫在一起。蘇格拉底從容赴死，視哲學為練習死亡，視死如歸，而不是懼怕。基督教就更不用說，人生就是逆旅，朝向天國之途，人如果心裏出了毛病，要向上帝懺悔，祈求上帝的原諒，更要改正，以與上帝修和，這都是可以治癒心病的方法。

後來哲學理論與精神治療實踐相抽離，理論越來越概念化、抽象化、普遍化，離具體的人生實踐、實況和個案越來越遠，作為專業化的結果之一，這本是無可厚非的。但是，如果演變成「理論狂」、「哲學狂」和「意識形態狂」，問題就要正視了。理論具有邏輯上的一致性，而生活常常是自相矛盾的，因此「理論狂」為了邏輯上的一致性而犧牲掉生活。如俄國文豪陀思妥耶夫斯基作品中的一些主人翁把思想的邏輯推到極端，其中一個最顯著例子的是基里洛夫，純粹為了一種思想、一個問題而自殺：覺得自己不能夠同時存有兩種不相容的思想，為了思想邏輯的徹底性，而必須自殺。在當代，更有宗教極端主義，「以理殺人」，煽動宗教狂熱，把人洗腦成人肉炸彈，用宗教教義來毀滅人生和人性。這在在跟宗教「救心」、「救人」的初心完全背離了。

佛陀認為空談形而上的問題，對生命的苦沒有幫助，倒不如面對苦，把苦的毒箭（根源）拔除。這正是為什麼印順法師說：「佛法……不是學問的，而是從現實人生着手的正道。」「毒箭喻」提供了學佛以至其他學說該有的態度：避免讓人陷入知識障，只談形而上學的「空義」。

《四十二章經‧善惡並明、舉難勸修、生即有滅》

以下三則摘錄自《四十二章經》。該經由「阿含」、「法句」等經摘抄而成，把某一段稱為一章，一共選錄四十二段話。內容簡要說明初期佛教的基本教義，重點闡述沙門之證果、善惡諸業、心證、遠離諸欲、人命無常等，並明示出家學道之要。據說是東漢時由中天竺僧人攝摩騰、竺法蘭共同譯於東漢雒陽城外的白馬寺，相傳是古代中國第一部譯出的佛典。《四十二章經》，收於《大正藏》第十七冊〈經集部〉。

〈善惡並明〉

原文

　　佛言：眾生以十事為善，亦以十事為惡。何等為十，身三，口四，意三。身三者：殺、盜、淫。口四者：兩舌、惡口、妄言、綺語。意三者：嫉、恚、癡。如是十事，不順聖道，名十惡行。是惡若止，名十善行耳。

今譯

佛說：在眾生那裏，好事有十種，壞事也有十種。是哪十種呢？身體三種，嘴巴四種，念頭三種。身體的三種是：殺生、盜竊、姦淫。嘴巴的四種是：搬弄是非、惡言惡語、信口開河、花言巧語。念頭的三種是：嫉妒、瞋恚、愚癡。這十種事，不聽從聖道，就叫十惡行。這些惡行如果能打住，就叫十善行了。

析義與應用

佛經講：「諸惡莫作，眾善奉行，自淨其意，是諸佛教。」「諸惡莫作，眾善奉行」的對象是眾生，向他們施予慈悲。「慈」即慈愛眾生，與樂；「悲」即憐憫眾生，拔苦。這則「善惡並明」經文講的是「修行」，所謂修行就是修正自己身體、語言、行為的偏差。十善就是不做或者停止做十惡行，而變成一個慈悲的人了。十善是世間善法的標準，無論哪裏都通行，對於個人、家庭、社會，具正面作用。然而，十善不能破除我執、法執；但加上自淨其意，對空、有都不執着，則能明心見性。

如果我們反省一下自己每天的活動，就會發現，我們喜歡說話，而且常常跟着世俗說話，跟着潮流和小環境（如家庭、學校）說話，有時言不符實，言不由衷，或說些諂媚、會傷害別人的話。

我們每天也會產生許多意念，其中不好的包括貪、瞋、癡（貪婪、瞋怒、癡迷），還有嫉妒、驕傲等。日常生活中因這些念頭，產生許多矛盾、衝突。比如，同班同學甲跟乙要好，但有

一次乙找別人吃飯卻不找甲，甲就猜想——是不是因為之前自己說話貶低了乙，抑或因為乙嫉妒自己最近考試名列第一——那以後他也不找乙了。這樣子算計下去，兩人「友誼的小船」就翻了，互相討厭，並各自在同學間拉幫結派，天天鬥氣，見了面就瞋怒，甚至發生暴力衝突。心裏的惡意念產生惡言和惡行，在身、口、意三種行為中，以「意」的修養為先。如果一個人有正確的思想和價值觀，他的行為和言語也就不會出格到哪裏去。

十惡業中的一條「殺生」和普通所理解的殺生有點不同。佛教主張吃素，認為動物也是「有情」物種，吃動物的肉就是「殺生」；且眾生平等，慈悲的對象包括動物，而動物是六道輪迴中的一種，吃動物可能就吃掉了自己親友的輪迴形態。儒家的孟子講「親親而仁民，仁民而愛物」（仁民愛物），由親愛親人推及到仁愛百姓，由仁愛百姓推及到愛惜天地間的萬事萬物。他的「君子遠庖廚」的名句「君子之於禽獸也，見其生，不忍見其死；聞其聲，不忍食其肉」，凸顯的是「人皆不忍殺生」的心態。但儒家與佛家對人類與其他物種的態度還是不同的。《論語·鄉黨》記載「廄焚，子退朝，曰：傷人乎，不問馬」，表明孔子對人是比較關心的。道家的老子說「天地不仁以萬物為芻狗」，對包括人類在內的所有物種無差別對待，跟佛教眾生平等的觀念更為接近。《莊子·齊物論》中「天地與我並生，而萬物與我為一」的「萬物一體」的思想則具有重要的生態倫理價值。到了北宋，儒家的張載在〈西銘〉提倡「民吾同胞，物吾與也」（民胞物與），意思是說，天地間所有的人都是我的兄弟姊妹，所有有生命和無

生命的物種都是我的同類。這種「天人合一」思想認為人和自然在本質上是相通的，是儒家哲學的核心觀念，當代學者杜維明稱它為儒家人文主義的「生態轉向」。在重新思考人與自然的關係的今天，佛道儒都提供了有價值的參考與借鑒。

在食葷腥這問題上，一般觀念認為：人的食物鏈包括牛羊豬雞鴨鵝一類禽獸的肉，如果沒有這些肉類，人的營養會有一些缺失。儒者、道教人士一般不戒葷腥。其他的一些宗教，如猶太教、基督教、伊斯蘭教，都容許吃肉，認為動物是上帝造來讓人掌管的，人可以決定如何處置動物。對食素，在不同地區的佛教有不同的態度。佛陀時代，出家人依化緣的情況而定，人家給什麼就吃什麼。這也算是一種「方便法」罷。素食是漢傳佛教的一大傳統，僧侶一定要吃素，信徒也會吃素。在有些氣候嚴寒的地區，比如西藏，蔬菜稀少，不吃肉身體的營養就不足，因此喇嘛許多是吃有限的肉的。日本的和尚由於複雜的歷史原因也是吃肉的。現時，越來越多人因健康與環保的理由，實行素食。

〈舉難勸修〉

原文

1. 貧窮布施難，2. 豪貴學道難，3. 棄命必死難，4. 得睹佛經難，5. 生值佛世難，6. 忍色忍欲難，7. 見好不求難，8. 被辱不瞋難，9. 有勢不臨難，10. 觸事無

心難，11. 廣學博究難，12. 除滅我慢難，13. 不輕末學難，14. 心行平等難，15. 不說是非難，16. 會善知識難，17. 見性學道難，18. 隨化度人難，19. 睹境不動難，20. 善解方便難。

今譯

1. 自己貧窮，卻能布施，這很困難；2. 富豪權貴的人，卻能修學解脫道，這很困難；3. 面對死亡，能夠坦然捨棄生命，這很困難；4. 能夠有緣看到佛經，這很困難；5. 能夠出生在佛陀的時代，或者有佛法的時代，這很困難；6. 能夠堅強地忍耐住美色和欲望的誘惑，這很困難；7. 見到自己喜歡的好東西，能夠不貪求，這很困難；8. 被別人侮辱了以後，能夠不產生忿恨之心，這很困難；9. 自己有權勢的時候，能夠不居高臨下，這很困難；10. 在為人處事當中，能夠不用心機，這很困難；11. 能夠廣學多聞，深入研習法義，這很困難；12. 能夠滅除自以為是的我慢之心，這很困難；13. 能夠不輕視初學者，這很困難；14. 能夠處處用平等心對待一切，這很困難；15. 能夠不議論別人的好壞是非，這很困難；16. 能夠有緣遇到善知識，這很困難；17. 能夠在開悟見性以後再修道，這很困難；18. 能夠根據不同的情況救度眾生，這很困難；19. 能夠不為外境所動，這很困難；20. 善於了解並運用種種方便法門，這很困難。

析義與應用

這裏有「二十難」，有的是「難得」，比如，碰巧生在大覺者佛陀的時代，碰巧能聽到佛法，或者碰巧能遇到佛教知識廣大的善人，這是很大的福份，應該加以珍惜，趕緊學習、信奉佛法；也有的是「難度」，比如家裏貧窮卻願意接濟別人，家裏富貴卻能看破紅塵，受辱卻能夠「唾面自乾」，不在心頭計較，能夠忍辱負重，有權有勢卻能夠禮賢下士；也有的是在修道之路上一路前行，勇猛精進，一心學佛法，不為外境（如美色權勢金錢等）所動，理智上開悟，以後還能進一步修行修煉，既堅持經，又能夠依據不同的情況而行方便法（權）去救人 —— 若非有高深的佛法涵養，是不能辦到的。這「二十難」看起來簡單，實際上卻幾乎包含了佛教的全部修煉內容，如上面說的克治貪瞋癡、不妄語、不搬弄是非、忍辱不發怒等。這「二十難」還有一個逐步精進的坡度，恰如孔子所說：「可與共學，未可與適道；可與適道，未可與立；可與立，未可與權。」一步一步走到既能堅持原則又能根據具體情況權變救人的地步，很不容易。

在別的學說、宗教中也有相似的道德教育。孟子說：「富貴不能淫，貧賤不能移，威武不能屈」。耶穌《山上寶訓》所說的「八福」：「虛心的人有福了，因為天國是他們的。哀慟的人有福了，因為他們必得安慰。溫柔的人有福了，因為他們必承受地土。饑渴慕義的人有福了，因為他們必得飽足。憐恤人的人有福了，因為他們必蒙憐恤。清心的人有福了，因為他們必得見神。使人和睦的人有福了，因為他們必稱為神的兒子。為義受逼迫的

人有福了，因為天國是他們的。人若因我辱罵你們，逼迫你們，捏造各樣壞話譭謗你們，你們就有福了。」耶穌還讚揚過一個窮老太，她雖然捐的錢少，但是佔了她收入的很大比重。耶穌還說過，不要以惡報惡，要愛你的仇敵，如果有人打你的左臉，你把右臉也伸過去。這不是跟「二十難」裏說的「忍辱」是類似的嗎？

再如第十三難，不輕視初學者，這在生活中是很有針對性的。小孩子一般喜歡跟大孩子玩，因為他們可以學到東西，但是大孩子一般不願意跟小孩子玩，因為不僅學不到東西，還要耐心地去教他們，因此常常會輕視他們。甚至在高校裏，每年的「迎新」儀式就變成了羞辱新生的儀式。在軍隊裏，也常常發生老兵欺辱新兵，給他們「下馬威」的事情。佛教要求人們不要輕視初學者，就是要對治這種事情。可見它是很具體的。

在「二十難」中，「我慢」可能是最難克制的。「我慢」就是傲慢、驕傲，自以為是，看不起別人，輕視別人，認為只有自己行，別人不行，甚至處處表現超人一等，顯現出一種智力的、道德的自負。「我慢」不只發生在個別人身上，也發生在團體、國家之間。如美歐等地的白人至上主義，往往充滿偏見和「我慢」的優越感，認為其他族群比不上白種人。宗教上的原教旨主義也有「我慢」心態。在阿富汗，塔利班在 2021 年再次奪取政權後，遭到更為原教旨主義的伊斯蘭國組織多次進行恐怖襲擊；當中主因是政治利益與勢力劃分的問題，但伊斯蘭國聖戰份子也認為塔利班對信仰不夠純潔、忠誠。西方的一些自詡為「自由民主」的國家，對政治制度不同的國家，不顧其國情、歷史等，而只用自

己的標準一味來要求與指責，或多或少有「我慢」的問題。團體、政府都是人所組成，所以「我慢」先是要由每個人去克制。

「二十難」說得十分平易，但每一條要真正做到，是非常困難的。台灣一位基督教徒的著名詩人說，他不敢信佛教，因為佛教規矩非常多，很難做到。這事例指向世人對佛教的一個頗普遍觀感——佛教管得很具體，把信眾的嘴巴、身體和頭腦都管住。事實也是如此，佛教要求信眾在日常言談舉止上，做一個不逾矩的真善人。

〈生即有滅〉

原文

> 佛問諸沙門：「人命在幾間？」對曰：「在數日間。」
> 佛言：「子未能為道。」
>
> 復問一沙門：「人命在幾間？」對曰：「在飯食間。」
> 佛言：「子未能為道。」
>
> 復問一沙門：「人命在幾間？」對曰：「呼吸之間。」
> 佛言：「善哉！子可謂為道者矣。」

今譯

佛問身邊的諸位弟子：「人的生命有多長？」一個弟子答道：「有數日長。」佛說：「你還沒有進入法門。」又問另一位弟子：「人

的生命有多長？」這位弟子回答說：「在一頓飯之間。」「你還不算懂得佛法。」又問第三個弟子：「人的生命有多長？」這位弟子回答道：「只在人的一呼一吸之間。」佛稱讚道：「說得好啊！你可以說是窺得了佛法的奧秘了。」

析義與應用

佛教的終極目標是「了（脫）生死」。但如何「了」呢？何謂「生死」呢？

這則經文講「剎那生滅」的道理，指一剎那之短時間中有生滅。佛經中說剎那是極短的時間，彈一下指頭的時間有六十剎那，而宇宙中一切現象沒有不是剎那生滅的。佛教根本義理之一的「諸行無常」就建基於「剎那生滅」：一切現象和事物沒有一樣不是在剎那之間遷流轉變，沒有一樣是常住不變的，所以說「無常」。人有生老病死，山河大地有成住壞空，心念有生住異滅，皆是如此。

佛陀連續問了三次同一問題：「人命在幾間？」最後只有答呼吸之間的，才得到他的首肯。佛要強調，從生到死是一呼一吸之間迅速的事，因此要抓緊時間修道。體念無常，一刻也不任放逸，能令人生起宗教心，努力修行，了生死。對於時間，基督教末世論有一種類似的緊逼感。末世論說，末日審判快要到了，沒有悔改信基督的人，要下地獄去，悔改信基督的人，就可上天堂。由於人不能確定自己何時會死，因此，一定要在死之前抓緊機會悔改。

佛陀這問題也提示，人命既然在呼吸間，即活在當下，就要活好當下。就世俗人生而言，以「過秒關」的態度做事也具積極的激勵意義。運動場上分秒必爭，只勝零點零一秒，也就是金牌得主。有位哲學教授請學生做個「思想實驗」：如果你能活一百歲的話，會做些什麼？會有什麼人生規劃？於是大家便天馬行空地暢想了，每個人都設計了一大堆美妙計劃。接着他請大家想想如果只能活五十歲，會如何安排？如果只有一年時間了呢？以此類推，直至只能活上一天、一刻，會做些什麼？學生才緊張起來，感到生命的寶貴，把許多不切實際、沒有多大意義的計劃拋棄，只做自己認為最重要、最有價值之事。人總有一死，但有的英年早逝，有的老而不死，既然生命的長度較難掌握，更應拓展生命的寬度。

　　人們多以為離死期尚遠，故對生命沒有緊逼感，許多事拖拉，不肯認真去做。古有〈明日歌〉：「明日復明日，明日何其多。我生待明日，萬事成蹉跎。」其作者錢福是明朝的狀元，官至翰林院修撰。他才名俱得，就算不再出仕之後，仍不放鬆對自己的要求，而是更加努力地學習。看來錢福人生的成功，與他對生命的緊逼感有關。佛教徒若能明曉「人命在呼吸之間」這道理，而悲切警惕，「諸惡莫作，眾善奉行，自淨其意」，擺脫渴求貪愛的驅使，便可了生死。

《華嚴經‧十地品、夜摩宮中偈讚品、入法界品》

下面三則摘錄自《華嚴經》其中的三品，用的是《八十華嚴》本，唐實叉難陀譯。本經是初期大乘佛教的重要典籍，有學者認為最早的寫作年代，可能在佛滅後約五百年時開始結集，最初在印度只是分散的章句。約在西元二至四世紀中葉，華嚴系的經典從南印度，向西北印度和中印度傳播，最後在中國西域地區合成大本的《華嚴經》。唐朝時成立的華嚴宗依據本經，立法界緣起、事事無礙等義為宗旨。

〈十地品〉

原文

　　三界所有，唯是一心。如來於此分別演說十二有支，皆依一心，如是而立。何以故？隨事貪欲與心共生，心是識，事是行，於行迷惑是無明，與無明及心共生是名色，名色增長是六處，六處三分合為觸，觸共生是受，受無厭足是愛，愛攝不捨是取，彼諸有支生是

有，有所起名生，生熟為老，老壞為死。

今譯

　　三界（欲界、色界、無色界）中一切現象，僅僅就是一心。基於這一點，如來分別演說十二有支（十二種因緣），都是依於一心而立論。為什麼呢？隨着外物，貪欲與心共同生起。心是識，事是行，行為中的迷惑是無明。與無明和心共生的是名色（觀念與物質）。名色增長是六處（眼、耳、鼻、舌、身、意），六處與三分（名、色、識）相合為觸，觸共生是受，受貪求而不滿足是愛，愛攝受不絕是取。這些有支由此而生。有所起叫做生，生成熟了便是老，老壞滅了便是死。

析義與應用

　　佛教修行的最高目標是得到解脫。因根器（與佛法相應的能力）的差異，修行人採取的不同修行法門以及達成的結果／境界，可分為大、中、小三乘。乘是古代對車輛的總稱，當動詞時，意思是運載。在佛教中，乘就是把修行者運載到涅槃彼岸，了生脫死。小乘，也叫聲聞乘，指聽聞佛或佛弟子聲教，以四聖諦（苦集滅道）而得悟，只求清淨寂滅，自己度脫，證得阿羅漢果，修習到斷除一切煩惱。中乘，也叫緣覺乘，位於小乘和大乘之間，指憑自己宿生的智慧，了悟緣起道理而覺悟，修行法門是十二因緣，證的是辟支佛果，不再輪迴，但無法像佛陀一樣成為人、天導師。大乘，也叫菩薩乘，修菩薩道，修六度，自度度

他，達到究竟涅槃（圓滿的覺悟）。

要人成為佛，就得證明人皆有佛性，有成佛的可能性，這正是大乘佛教所要做的。《華嚴經》說：「如來以無障礙清淨智眼，普觀法界一切眾生而作是言：『奇哉！奇哉！此諸眾生云何具有如來智慧，愚癡迷惑，不知不見？我當教以聖道，令其永離妄想執着，自於身中得見如來廣大智慧與佛無異。』……」「如來」是佛陀的稱號之一；「眾生」指一切有情識的動物；「如來智慧」就是佛性。大乘的《大般涅槃經》就直接宣說，一切眾生都有佛性。小乘佛教說，現世只有釋迦牟尼佛，釋迦牟尼佛之前依次有六佛，釋迦牟尼佛之後只有彌勒佛。依照這一說法，佛的出世是有先後次序的，在一世間不能有二佛。這顯然限定了眾生成佛的可能性，也不利於佛教的進一步發展。《華嚴經》正是要擴大佛的數量，它宣說有個蓮華藏世界海，擴大成佛的時間和空間，論證一切眾生都有成佛的可能和希望。不僅如此，《華嚴經》還通過對於菩薩行的宣說，以完整的菩薩修行階位將其具體化。這就好比實行了教授制，從博（士）導到碩（士）導，教授下面是博士和碩士，大家各依次修行，修到一定的等級就可以晉級。佛、菩薩、羅漢，就類似這樣的修行級別。

重視心的作用的《華嚴經》，提出「三界所有，唯是一心」，「十二有支，皆依一心」，指欲界、色界、無色界的三界構成的世間，有情眾生在其中依「十二有支」（十二因緣）而生死輪迴，皆由心決定的。「十二因緣」又名「十二緣起」，是從生命現象上說的，屬於因緣法則，包括：一、無明，即愚癡，是過去世煩

惱帶來的惑，蒙蔽了真如本性；二、行，即於過去世身口意造作的一切善業或者不善業，其中包括身行、口行、意行；三、識，即由無明引起業力的累積，決定下期的生命，也就入胎投生時的心識；四、名色，「名」，指五蘊中色、受、想、行、識的精神活動，「色」，指肉體在母胎中得到發育；五、六入，指眼、耳、鼻、舌、身、意的六根，即胚胎漸漸形成感覺器官，相當於胎兒將出生的階段；六、觸，嬰孩出生後，六根得與六境相接觸；七、受，因和外界事物接觸，內心引起苦受、樂受和捨受；八、愛，因感受而有種種貪戀心理；九、取，指因有貪愛，便追求和執取可供享樂的東西，以滿足自己；十、有，因有身、語、意三業，形成一種潛伏的力量，招致來生的果報；十一、生，由於前生業力的牽引，新一期的生命又再開始；十二、老死，概括指出生命現象中老、病、死、憂、悲、惱、苦種種痛苦。無名、行，是過去所造的因；識、名色、六入、觸、受，是現在所生的苦果；愛、取、有，是現在所造的因；生、老死，是未來的苦果。十二緣起的生死流轉，是皆依心，若心滅時，便無生死流轉。

「觸共生是受，受無厭足是愛，愛攝不捨是取」，可用以下例子加以說明：一個嬰兒，當他的嘴唇感觸（觸）到媽媽的乳房時，他感受（受）了，吸奶吸個沒完；如果媽媽不讓他吸，他覺得不夠（無厭足），而生貪戀（愛），還要接着吸奶，捨不得媽媽離開（取）。取，就是選取、偏愛、選擇的意思，不選那個而選這個（迴避與趨向不同），是經過比較後的選擇了，這裏已經有偏好、偏愛了。基督教早期的思想家奧古斯丁，對兒子小時候

吃奶的樣子有所體會，在《懺悔錄》中說，如果在嬰兒吃奶的時候讓另一個嬰兒也去吃奶，跟他分享媽媽的奶，他一定會揮動小手，要把搶奶吃的嚇走、趕走。奧古斯丁對此下的結論是，人是有原罪的，但他的觀察也說明了「觸共生是受，受無厭足是愛，愛攝不捨是取」這現象。

十二因緣有順、逆兩種不同的觀察思考方向。順觀由「無明」起，若能斷除「無明」，就扭轉了人生的方向，而「無明」滅則「行」滅，「行」滅則「識」滅……最後「生」和「老死」都滅，得到解脫。逆觀由老死（即真實生命）起，尋找痛苦的因，追溯至「無明」，洞悉生死輪迴，是由於錯誤的思想行為，輾轉相引，永無了期。不論順觀或逆觀，關鍵都是在無明，而十二緣起的生死流轉，是皆依心；修心則可斷除無明。

先秦儒家學說中，心也已有關鍵位置。儒家亞聖孟子說：「仁，人心也……學問之道無他，求其放心。」（《孟子·告子上》）這裏的「仁」包含幾乎所有的德性，從惻隱、羞恥、恭敬、是非之心到仁、義、禮、智。儒家的「學問之道」主要講如何做人、修身。「求其放心」指找回掉失了的本心，也就是恢復這些德性。佛家講通過修心斷除無明，恢復被無明遮蔽了人本有的佛性（心），進而成佛。孟子講通過學問，即修身，找回掉失了的本心，即恢復德性，進而成聖成賢。孟子強調人有為善能力，如《孟子·梁惠王上》說：「故王之不王，不為也，非不能也。」這與佛教講心本來清淨（善）並不完全一樣。到了宋，大儒周敦頤在《愛蓮說》言，蓮花是「花之君子者」，「出淤泥而不染，

濯清漣而不妖」，暗示心性本為善。《二程遺書》（北宋理學家程顥、程頤的弟子記載二程平時的言行）說：「以性之善如此，故謂之性善。」《朱子語類》（集錄了南宋理學家朱熹與門人的對答）說：「性則純是善底。」至此，性本善成為儒家的主流看法，在心性問題上與佛家趨同。

在心性的「體用」這哲學命題上，佛儒並不相同：佛性的本質是空的，是緣起的，用以解釋人如何做到無執，而獲得解脫；儒家的仁是人的本質，其源頭是天，如孔子言「天生德於予」，用以說明人如何成德。然而，在追求「超越世界」（價值之源）方面，據歷史學家余英時的看法，佛教與儒家都是向內，是每個人自己的事，如佛家的「靈山只在汝心頭」，孔子的「為仁由己」。這「內向超越」與西方向外向上的「外在超越」不同；西方的進路是等待宇宙間一切法則的唯一創立者的上帝來「啟示」。「內向超越」在佛教主要靠「自依止」（即自己依着正法去修學），在儒家靠的是「自省」、「慎獨」等修身方法；這些都是功夫。在基督教傳統下，西方的「外在超越」是個人須通過上帝（或祂的代表的教會），才能得到救贖，而不靠自己的修持。

歷史上，佛教徒為迎合中國人的喜好，辯稱佛教精神與儒家倡導的價值相同，也向世俗禮教靠攏，但古今仍有儒者批評佛家無君無父，既主張一切皆空，就不能對人倫價值真正肯定，對現實沒有什麼裨益。唐代的韓愈，宋代程顥、程頤兄弟，以及朱熹就有所批評。至當代，本來儒佛雙修的思想家、社會活動家梁漱溟看到在抗日戰爭期間，佛教無補於他所處的時代與社會，佛教

徒或僧侶，沒能發揮什麼力量，解決民生疾苦，所以自己終止了學佛。他在〈儒佛異同論〉文章中說：「儒家從不離開人來說話，其立腳點是人的立腳點，說來說去總還歸結到人的身上，不在其外。佛家反之，他站在遠高於人的立場，總是超開人來說話，更不復歸結到人身上——歸結到成佛。前者屬世間法，後者則出世間法，其不同彰彰也。」持平而論，儒家通過仁彰顯人倫價值，讓人在俗情生命、事功中較有着力點。

佛教三法印（三項標準來驗證教說是否屬於佛教正法）中的「涅槃寂靜」（另二是「諸行無常」、「諸法無我」），指的是度脫生死、無煩惱與痛苦的境界，也就是成佛。無論是只求自利、斷除自身煩惱的小乘，抑或是自利利他的大乘，終極目標都是解脫、成佛。但尋求解脫是否一定輕忽世間，不能一概而論。如當代佛學家蘇晉仁所說，佛教「其所以出世之切，正由於其入世之深」，許多佛教徒深知世間的苦難，而發願助己助人離苦得樂；況且，還有菩薩大願「眾生度盡，方證菩提；地獄未空，誓不成佛」。當然，佛教認為世間法屬方便施設，不是究竟的，而其出世間法讓人從人倫束縛、負累（執）解脫，正是與儒家的一個區隔，為其「用」的特色。

〈夜摩宮中偈讚品〉

原文

　　心如工畫師，能畫諸世間，五蘊悉從生，無法而不造。

　　如心佛亦爾，如佛眾生然，應知佛與心，體性皆無盡。

　　若人知心行，普造諸世間，是人則見佛，了佛真實性。

　　心不住於身，身亦不住心，而能作佛事，自在未曾有。

　　若人欲了知，三世一切佛，應觀法界性，一切唯心造。

今譯

　　心如同工畫師，能畫種種世間。五蘊皆從心而生，沒有事物不是它所創造。

　　佛就像心一樣，眾生像佛一樣，應知道佛與心，體性都是無盡的。

　　若人知心的運作創造出種種世間，那麼這個人就見到了佛，了知佛的真實性。

　　心不住於身體，身體也不牽制心，而能夠作佛之修行，得到從未有過的自在。

若人想要了解三世一切佛，應當觀察法界的本性，一切都是心造作出的。

析義與應用

佛教最初是針對「事」說的，因為人的很多「苦」，是在「行事」（包括身行、口行、意行）中與他人產生互動而產生的。我們每天大部分的煩惱，是產生於跟他人的關係，我們的行為影響到他人，或者他人的行為影響到我們。比如，甲最近睡不安穩，原因是乙在外面說了他不好的話，而乙為什麼說甲不好的話，是甲答應了為乙辦事情卻沒有踐諾，甲之所以沒有踐諾是因為聽信了別人關於乙的話（他經常拍人馬屁，人前人後不一致），對乙有了負面看法。到後來甲如何對待乙，乙就如何對待甲，事情下去變得如何，其實決定於兩人的心（意）。從這個角度說，人心主觀的狀態決定了事客觀的狀態，可以說「心如工畫師」，塗抹出來的畫面是美是醜，都是由當事人的心決定的。

心是身的設計師和驅動者，身好像是載體和工具，身的舉止被別人「解碼」後，別人就看到你心裏的「意」，讀懂了你心裏的「話」，而用身跟你的心產生了互動，這是「內在的對話」。「事情」雖然有發起的一方，但如果另一方有反應，則是由兩顆心「共造」出來的。畫是合作的產物，是集體畫。

《華嚴經》提及淨土，但主要不是講往生（死後）淨土。所謂淨土是相對於六道眾生所居住的穢土來說的，即佛、菩薩所處清淨莊嚴的世界。據《華嚴經》，菩薩是修淨土的，但重點在自

己成就淨土。所以該經的〈明法品〉提示：菩薩如果認真修持，就能夠「……以一切善法力，成滿一切諸佛淨土，無邊相好，身語及心具足莊嚴；……以往昔誓願力隨所應化現佛國土。」《華嚴經》認為，佛就跟心一樣，也可以造出種種「事」來，造出種種「境」來。所有人都有心，都有這種造「事」造「境」的能力。如果你造得好，就是佛一般的心。如果你有意無意造壞了，就是「魔」心了。由於人世間是由人與人的互動造成的，而其根本是由心裏的念頭造成的，故而，如果大家的心念都是向善的，那就有可能造成「淨土」，否則世界就成穢土了。身口意中，身口只涉及人的行動和語言，是比較外在的，而「意」則進入了心裏。如果我們能夠從源頭上清理自己的不潔之念，破除對物件的執着和偏愛，破除對自己身和心的自愛，如此方可成「淨土」。

我們從前面〈十四無記〉的故事可知，初期佛教是不重視與消除煩惱無關的問題的（如世界的來源、宇宙的構成等），重視的是人的苦及其原因，認為它跟人自己的心與行為緊密相關。後來，隨着佛教哲學的擴大化，也開始解答方方面面的問題，經歷了一個由「事情」向「事物」擴大的過程，產生了「心造萬法」的說法。這很容易讓人認為它是主觀唯心主義（心造出了萬物）。其實「心造萬法」關注的仍是心的運作，心中「苦」產生的原因和過程，以及如何滅除「苦」。就此而論，佛教還真是一門「實踐哲學」或「哲學治療學」呢。它不過是在提醒眾生要注意自己心裏念頭、念想的「主觀性」和「偏執性」，放棄自戀與自我中心，而走向客觀性。

〈入法界品〉

原文

　　發菩提心者，所謂：發大悲心，普救一切眾生故；發大慈心，等祐一切世間故；發安樂心，令一切眾生滅諸苦故；發饒益心，令一切眾生離惡法故；發哀愍心，有怖畏者咸守護故；發無礙心，捨離一切諸障礙故；發廣大心，一切法界咸遍滿故；發無邊心，等虛空界無不往故；發寬博心，悉見一切諸如來故；發清淨心，於三世法智無違故；發智慧心，普入一切智慧海故。

今譯

　　對於「發菩提心」，所謂發大悲心，就是廣泛救度一切眾生；發大慈心，就是平等地護佑一切世間；發安樂心，就是令一切眾生滅除各種痛苦；發饒益心，就是令一切眾生離開惡的事物；發哀憫心，就是守護有恐怖畏懼感的人；發無礙心，就是離開一切各種障礙；發廣大心，遍佈一切法界；發無邊心，即使虛空界也無所不至；發廣博心，一切諸佛如來悉皆可見；發清淨心，就是不違三世無漏法智；發智慧心，就是廣泛進入一切智慧海。

析義與應用

　　這則經文的主角善財童子出生時家裏湧現大量金銀珠寶，所以被叫做善財。他且善根深種，自小願修以大行見稱的普賢菩薩的法門，屬於「豪貴學道難」的例外。大智的文殊菩薩鼓勵他努

力學習，親近善知識。善財參訪了五十三位老師，輾轉找到了其中一位的海雲比丘，獲得這則經文指示的修行方向：啟動大悲心，勤求無上覺，再發廣大願，除滅眾生苦。在〈入法界品〉「彌勒菩薩會」中說「菩提心者，猶如種子，能生一切諸佛法故」，令人想起基督教《福音書》中耶穌所說的，天國在人心裏如果能扎下根來，就會像一顆芥菜種子，雖然初看起來很小，但最終會長得蓬蓬勃勃。古今能成大事者，多是發有心願，一生把一件事做好，心無旁騖。

發菩提心，要有大悲心，悲就是拔苦，這涉及施救的人的決心與能量，對於那些在困苦顛沛中的人、陷於罪惡中的人都予以幫助，要幫到底，無一遺漏，這是大誓願，有「捨身伺虎」的慈悲心腸，也有「我不入地獄，誰入地獄」的大無畏精神。在其他宗教中，也有類似的意境。比如，基督教就說，基督在被釘死十字架安葬後，下到陰間三天，要把陰間裏的靈魂救度出來。

當代也不乏懷有大悲心，而作出善行，以至犧牲自己的人。獲得諾貝爾和平獎的史懷哲醫生，以尊重生命為他世界觀的基礎，於上世紀初段長期在非洲贈醫施藥。國際主義者、加拿大共產黨員白求恩醫生，於 1930 年代後段來到中國，參與抵抗日本法西斯主義的侵略，不幸在一次對病人施行手術時被細菌感染而去世。當時中國共產黨領袖毛澤東讚揚他是個高尚的人、純粹的人。除有大悲心，史懷哲與白求恩兩位也有救人的大願。所謂態度決定高度，心態決定境界，有志的人欲令德行圓滿，必須努力學習，起大悲心，發大願。

《法華經・方便品第二》

以下兩則摘錄自《法華經‧方便品第二》。該經又稱《妙法蓮華經》，是佛陀晚年的教法，屬初期大乘佛教的經典，約在西元一至二世紀前後編訂。它是中國天臺宗依據的主要經典。現存的漢譯本有三個，分別是西晉竺法護所譯的十卷的《正法華經》、姚秦來自龜茲的鳩摩羅什所譯的八卷《妙法蓮華經》、隋闍那崛和達摩笈多所譯的七卷《添品妙法蓮華經》。這裏兩則採用鳩摩羅什譯本。

（一）

原文

　　爾時世尊從三昧安詳而起，告舍利弗：「諸佛智慧甚深無量，其智慧門難解難入，一切聲聞、辟支佛所不能知。

　　所以者何？佛曾親近百千萬億無數諸佛，盡行諸佛無量道法，勇猛精進，名稱普聞，成就甚深未曾有法，

隨宜所說，意趣難解。

舍利弗，吾從成佛已來，種種因緣，種種譬喻，廣演言教，無數方便引導眾生，令離諸著。

所以者何？如來方便、知見波羅蜜，皆已具足。舍利弗，如來知見廣大深遠，無量、無礙、力、無所畏、禪定、解脫、三昧，深入無際，成就一切未曾有法。舍利弗，如來能種種分別，巧說諸法，言辭柔軟，悅可眾心。舍利弗，取要言之，無量無邊未曾有法，佛悉成就。

止！舍利弗，不須復說。所以者何？佛所成就第一希有難解之法，唯佛與佛乃能究盡諸法實相：所謂諸法如是相、如是性、如是體、如是力、如是作、如是因、如是緣、如是果、如是報、如是本末究竟等。」

今譯

那時候，世尊從三昧（梵語 Samadhi 的音譯，意思是止息雜念、心不散亂的狀態）中安詳而起，告訴舍利弗：「諸佛智慧甚深無量，其智慧法門難解難入，是一切聲聞、辟支佛所不能知曉的。

這是為什麼呢？佛曾親近百千萬億無數諸佛，行遍諸佛無量的道法，勇猛精進，他的名稱眾所周知，成就了甚深未曾有之佛法，對意趣難解的事物隨宜講說。

舍利弗，我從成佛以來，用種種因緣、譬喻廣為演說我的教

化，以無數方便法門引導眾生離開各種執着。

為什麼呢？如來方便善巧和般若知見的波羅蜜都已具足。舍利弗，如來的知見廣大深遠，無量無邊，無有障礙，具備十種智力及四種無所畏，具備禪定（梵語 Dhyāna 音譯為「禪那」，簡稱「禪」，禪那意譯為「定」，禪定是音義並舉的翻譯，指修行至智慧與定力同等重要的境界）、解脫、三昧，深入而無邊無際，成就一切不曾有的事物。舍利弗，如來能作種種分別，巧妙地演說諸法，言辭柔軟，令眾人心生喜悅。舍利弗，取要言之，無量無邊從未有過的事物，都是佛成就的。

停！舍利弗，不需要再說了。為什麼呢？佛所成就的第一稀有、難解的佛法，唯有佛與佛之間，才能窮究諸法的實相：所謂諸法如是相、如是性、如是體、如是力、如是作、如是因、如是緣、如是果、如是報、如是本末究竟等。」

析義與應用

在釋迦牟尼去世後，佛教分裂為數派，主要的為小乘和大乘兩派。佛可能預見到此，希望弟子不要分裂，而要團結一致，故而《法華經》強調，「十方佛土中，唯有一乘法；無二亦無三，除佛方便說。」只有一個佛法，那些不同的說辭，不過是佛在針對不同人群不同時機採取的權宜之計，是因人施教，不能僵硬地指實為一種可到處套用的固定方法。

這段話是佛陀針對舍利弗的疑問，就其教導所講的內容和方法作出解釋：他所講是諸法的實相，以各種方法讓人們把握這實

相，用「方便」的說法，來讓人們破除法執和我執，脫離煩惱。

　　佛陀在他四十九年的說法中先講「阿含」，分析人世間的人、事、物的「有」；後講「般若」，從「有」分析到「無」；到晚年講《法華經》則是「開方便門，顯真實義」的圓融教法。「權（方便）」與「實」一直是一對矛盾。在任何學派和宗教派別中，總有一些人只執着於原則，不懂得與時俱進，陷入僵死的教條，而另一些人則為了因應時代而忘卻了原則，放棄了基本的教義。要找到既能堅持原則，又能因時損益、因人而宜的實施辦法，是很難的。被稱為「聖之時者」的孔子曾感嘆說：「未可與權」之難。佛陀與孔子兩人都是高明的教師，都懂得「權」與「實」的辯證法，都懂得因材施教，因地制宜，應機行事，而其教育的宗旨都是一以貫之。對於佛來說，就是抓住一切時機來讓人們離開執着繫縛，脫離諸苦，得到解脫。佛用各種方法讓人們看到諸法實相，從諸法的相、性、體、力、作、因、緣、果、報、本末究竟來把握它。這「十如是」可理解為：相，外顯的形相；性，內具的理性；體，萬物具有的體質；力，由體產生的勢力；作，所造作的善惡業；因，身口意所種之因；緣，令因生果的助緣；果，由緣催生的果實；報，由因招致的報應；本末究竟，以前面的「如是相」為本、「如是報」為末，最後的歸趣即為究竟。《法華經》將對「有」、「空」的執着，轉為中道。

　　許多宗教、學派、意識形態中，都會講到「宣講」的問題。雖然教義是基本不變的，但是宣講的辦法卻是多種多樣的。在弘法上，佛用了許多的譬喻、故事及種種修辭，甚至姿態等，來讓

人們容易理解、接受他的道理。這些都有講究的，不是一味地照本宣科。如孔子對核心思想的「仁」就做了多種描述。《論語》中，關於「仁」的說法，孔子給樊遲的跟對子路的就不一樣的，是針對他們的性格、品德和不足而提出、適合其個人道德修養的建議。基督教有專門的「宣道學」，研究怎麼樣對不同文化、不同國家的不同的聽眾、在不同的場合、如何達到勸說其入教的目的。對教師來說，對於不同的學生也要因材施教，要細心，學生有了新狀況，須及時注意，調整教法。這種「應機說法」的教法也適用於父母對子女的教導、上司對下屬的指導。

（二）

原文

　　「舍利弗，十方世界中，尚無二乘，何況有三？舍利弗，諸佛出於五濁惡世，所謂劫濁、煩惱濁、眾生濁、見濁、命濁。如是，舍利佛，劫濁亂時，眾生垢重，慳貪嫉妒，成就諸不善根故。諸佛以方便力，於一佛乘分別說三。

　　「舍利弗，若我弟子，自謂阿羅漢、辟支佛者，不聞不知諸佛如來但教化菩薩事，此非佛弟子，非阿羅漢，非辟支佛。又舍利弗，是諸比丘、比丘尼，自謂已得阿羅漢，是最後身、究竟涅槃，便不復志求阿耨多羅

佛典選要──今譯、析義與應用

三藐三菩提，當知此輩皆是增上慢人。所以者何？若有比丘實得阿羅漢，若不信此法，無有是處。除佛滅度後，現前無佛。所以者何？佛滅度後，如是等經，受持讀誦解義者，是人難得。若遇餘佛，於此法中便得決了。

「舍利弗，汝等當一心信解、受持佛語。諸佛如來，言無虛妄，無有餘乘，唯一佛乘。」

今譯

「舍利弗，十方世界當中，尚無二乘，怎麼會有三乘呢？舍利弗，諸佛於五濁惡世出世，五濁指的是劫濁、煩惱濁、眾生濁、見濁、命濁。舍利弗，像這樣劫處於濁亂狀態時，眾生污垢深重，慳吝貪心又相互嫉妒，催生出各種不善之根。諸佛以方便之力，從一佛乘中分別出三種教化。

「舍利弗，如果我的弟子，自稱阿羅漢、辟支佛，不聞不知諸佛如來卻教化菩薩所作之事，這不是佛弟子，不是阿羅漢，也不是辟支佛。另外，舍利弗，那些自稱已獲得阿羅漢果位就是最後成就、究竟涅槃的比丘、比丘尼，不再立志尋求阿耨多羅三藐三菩提，當知這類人皆是增上慢人（指驕傲無知之徒）。為什麼呢？若有比丘實際得到阿羅漢果，卻不信此佛法，則（其果位）無有是處。除非佛滅度以後，此世間不再有佛出現。為什麼呢？佛滅度以後，對於像這樣的經典，受持、誦讀、解釋含義的人，很是難得了。若能遇到其他的佛，對於這種以權顯實的佛法便能

明白了。

「舍利弗，你們應當一心信解和受持佛語。諸佛如來，言無虛妄，無有餘乘，唯一佛乘。」

析義與應用

五濁指：劫濁，即整個世代災難不斷；煩惱濁，即眾生充滿貪欲、惱怒、愚癡等各種煩惱；眾生濁，即眾生不信善惡報應，不持禁戒；見濁，即眾生持邪惡或錯誤的見解，佛教正法日益衰落；命濁，即眾生因作惡業，壽命極短。

佛陀在這裏還是強調佛法唯一（一佛乘），但可以採取多種多樣的「方便」法門（分別說三）。一佛乘即一乘，唯一能令人成佛的教法，也就是佛乘。諸佛處身的世界，是「五濁惡世」，充滿種種罪惡，針對罪人宣講解脫的道理，只能應機說法，如基督教所說，既要像鴿子又要像蛇，靈活救人。而無論小、中、大三乘，目的皆為引導眾生進入佛乘之門，因而佛陀明示「會三歸一」，三乘終歸於一佛乘。

阿羅漢聽聞佛陀說法修行而悟道，辟支佛憑着宿世種下的智慧獨自覺悟「緣生」、「無我」的道理。兩者可比喻為今天的碩士。佛教菩薩如何行菩薩道，如何救度眾生，如何應機行事，若阿羅漢和辟支佛沒有聽聞或不知這些課程，他們就不是佛弟子、阿羅或辟支佛。有些比丘（僧人）把羅漢果（碩士學位）當作最高學位，那是不對的，因為在上面還有博士學位（菩薩）和教授職位（佛）呢！所以不能驕傲自滿，要一直修行下去。有的人拿

到碩士學位後，就不把學過的東西當回事了，這種人拿了學位也沒有多大益處，對社會無益，對人生無用。

在這裏，佛陀提到可能存在一段時間，過去的佛滅度了，新的佛還沒有來，在此中間空白時期的人們，如果能夠持守《法華經》這樣的佛教經典，即使有時不知變通，那也是非常難得的了。佛在一切時空都有，因此，倘若人們能遇到其他的佛現身說法，那麼也就必然會懂得釋迦牟尼佛所說的「方便法」（因為一切佛都是心靈相通的），而不至於拘泥於教條了。

當然，佛教如同其他學說、宗教，最重要的還是掌握根本的東西。儒家的思想體系涉及多方面，但其核心則是孔子強調的「仁」，培育道德君子。佛教的根本則是一佛乘的成佛目標。

《心經》

《心經》全名為《般若波羅蜜多心經》，是大乘佛教表達空性和般若波羅蜜觀點的經典，是《大品般若經》的別生經，取自〈習應品〉和〈勸持品〉，作為《大般若經》的精要而集出，曾被稱作「經王」。這裏用的版本為唐朝玄奘譯。

原文

觀自在菩薩，行深般若波羅蜜多時，照見五蘊皆空，度一切苦厄。舍利子，色不異空，空不異色，色即是空，空即是色，受想行識，亦復如是。舍利子，是諸法空相，不生不滅，不垢不淨，不增不減。是故空中無色，無受想行識，無眼耳鼻舌身意，無色聲香味觸法，無眼界，乃至無意識界，無無明，亦無無明盡，乃至無老死，亦無老死盡。無苦集滅道，無智亦無得。以無所得故，菩提薩埵，依般若波羅蜜多故，心無罣礙。無罣礙故，無有恐怖，遠離顛倒夢想，究竟涅槃。三世諸佛，依般若波羅蜜多故，得阿耨多羅三藐三菩提。故知般若波羅蜜多，是大神咒，是大明咒，是無上咒，是無

等等咒，能除一切苦，真實不虛。故說般若波羅蜜多咒，即說咒曰：揭諦揭諦，波羅揭諦，波羅僧揭諦，菩提薩婆訶。

今譯

　　觀自在菩薩，修行甚深般若波羅蜜多時，洞察見到五蘊（色、受、想、行、識）皆是空，使（自己及眾生）脫離一切痛苦厄運。舍利子，色（物質）不異於空，空也不異於色，色即是空，空即是色。受（感受）、想（思想）、行（造作）、識（了知），也都是如此。舍利子，這各種法的幻象，不新生也不湮滅，不污穢也不清淨，不增加也不減少。因此空性之中沒有色，沒有受、想、行、識，沒有眼、耳、鼻、舌、身體、意識，沒有色、聲、香、味、觸覺、事物，沒有眼界至意識界等一切界，沒有無明（愚癡），也沒有無明的滅盡，沒有衰老和死亡，也沒有衰老和死亡的滅除。沒有苦（痛苦）、集（痛苦產生的原因）、滅（痛苦的消滅）、道（滅除痛苦的方法）等四諦，沒有智慧，也沒有智慧的獲得。因為沒有所得，菩薩依照般若波羅蜜多，心沒有掛念和障礙。沒有掛念和障礙，就沒有恐怖，就遠離了顛倒夢想，得到究竟的涅槃。過去、現在、未來三世諸佛，依照般若波羅蜜多，得到阿耨多羅三藐三菩提。由此可知，般若波羅蜜多是有大神力的咒語，是大智慧的咒語，是無上之咒語，是無與倫比的咒語，能消除一切痛苦，真實不虛。般若波羅蜜多咒語的內容是：揭諦揭諦，波羅揭諦，波羅僧揭諦，菩提薩婆訶。

析義與應用

《般若波羅蜜多心經》是佛經中字數最少的經，正文才二百六十字，堪稱佛法綱領，包括了佛教的核心內容。「般若」指智慧，「波羅密」指到彼岸，多指「定」，故「般若波羅蜜多」指到達彼岸令人有定的大智慧。五蘊的色、受、想、行、識，指作為物質的色境、隨境的感受、因感受而起的思念、內心的意志取向以及針對世間所有萬物的認知活動和觀念；第一種屬於物質，後四種屬於精神，乃是構成人身的五種元素。佛教不否定物質，但不是唯物論；肯定精神，卻不純然是唯心論；而是精神結合物質的因緣和合論。「五蘊皆空」講人是五蘊的因緣和合構成，「空」不等於無。「空」可以作為一個動詞用：也要「空掉」佛教自身的法，就算「四聖諦」的苦集滅道（苦的普遍存在、苦的原因、苦的消滅與滅苦的方法）也要空掉，徹底做到「心無罣礙」。大智慧就是要化除自身的無明、妄執，以體證真實。

「揭諦揭諦，波羅揭諦，波羅僧揭諦，菩提薩婆訶」的大意是：去！去！去到生死的彼岸！與眾生一起去到不生不滅的究竟解脫的彼岸！願迅速同證正覺，獲得大成就！

《心經》中有兩句話可以說最重要。第一句是「照見五蘊皆空，度一切苦厄。」由於人的心對色相做出了受、愛、取、擇，而產生偏愛、執着，要佔有、擁有，導致煩惱。要想破除這些妄見，就要「照見五蘊皆空」，看到五蘊都是「空」而不「實」的東西。所謂「空」，就是緣起性空，這個世間的一切都是變幻不居的，是內因與外緣湊合而暫時生成的，沒有固定不變的、真實

永恆的實體或自性。事物（色）尚且如此，我們自己的感覺、感受、思想、意念就更加如此了，剎那生滅。看透了物無自性，變幻不實，（如夢中所見），才能醒悟，不要讓自己的心追逐它們，迷戀於事物、名聲、利祿、思想學說等，把心的「妄動」消除掉，產生「定」的智慧。人際事情上的一切苦厄，都來自於人心念的妄動。比如，一個人如果有貪念，當上官後，為了獲取私利，可能不顧百姓的死活，做出種種違背道德、良心、法規之舉。多年來中國大陸官員「前赴後繼」地進入監牢，表明貪腐問題之大。除了在制度、措施方面加強力度防止官員以權謀私外，如果他們能夠自覺「以佛心從儒政」，從源頭做起或許更有效。佛說，人生在世如身處荊棘林中，心不動則人不妄動，不動則不傷；如心動則人妄動，則傷其身痛其骨，於是體會到世間諸般苦。只要做到心念不動，人的各種苦與煩惱，就可以消除了。

第二句：「遠離顛倒夢想，究竟涅槃。」前面說過，在佛看來，眾生是「無明蓋，愛結繫」，對迷惑顛倒的妄想執着為實有，造成自己的各種痛苦與煩惱。所以，佛和菩薩要普度眾生，就要將眾生從夢裏喊醒，讓他們也看到五蘊皆空，所執如夢中幻象，從而不留戀。佛的本意是「覺者」，早醒來的人（佛）要叫醒其他正沉浸在夢中的人，也成為了「覺者」（佛）。這就是佛教的基本綱領。

「空掉」社會名利，這個還好理解。但《心經》說「無苦集滅道，無智亦無得」，還要「空掉」「法」，這因為對法的執着，會產生所知障，所知障則障礙覺悟。我們在生活中會常常看到，

一些人依據理論生活，以理論裁剪生活，顯得不合時宜或頭腦僵化，不知權變。比如，個別女權主義者將權力理論用到個人生活上，在婚姻中為家務活斤斤計較，認為幹家務活多就是吃虧，結果經常為家務活發生矛盾，屢次離婚。或者一些搞經濟學的人在生活中按經濟學原理算計得錙銖必較，朋友最終都不願意與他來往。這都是「觀念執着」的例子。在佛教中有時也出現這種情況。佛教本來是為了「去苦」而產生的，結果一些人困圍於佛教的名相中，生硬地套用在自己的生活上來，或者離開了生活實際來空談佛理，結果反而佛理成了他的「執着」，讓他的生活更苦了。佛教對他們不再是釜底抽薪，而是火上澆油了。《心經》以大乘的「空」在對治名利世俗的執着時，連有時會有的佛教名相的「執着」也順便消解了。就這點來說，達到了理論和實踐上的一貫性。

在工作和生活中，我們說某人「執着」，一般是指他不知變通、固執己見地做事情，而不是如孔子講的「絕四」：毋意，毋必，毋固，毋我。據學者錢穆的意見，「毋我」乃「聖人自謙者我，自負者道，故心知有道，不存有我」。一般以至儒家所說的「執着」與佛家把妄想出來的東西認定為實有的「執着」是不盡相同的，但也是不可取的。佛陀另一說「觀法無我」（這裏的「法」是指一切事物），也是指不要以「我」的是非、好惡標準做判斷事物。道家的莊子講的「吾喪我」與此類似，「喪我」就是要拋棄自己的成心。當然，不「執着」不能理解為不堅持、不專注，否則就不能把事情辦好，對社會也不會有什麼貢獻。至於

心態，則應盡量「以佛心辦世事」，成敗得失少計較，在工作生活上尤其不必斤斤計較，與人產生不必要的爭執，從而產生煩惱。每天應該回想一下，今天做了什麼事，有什麼煩心事，為什麼會產生煩心事（主要是人際關係），如何消除自己的執著，等等，從而做到每天都能把負面情緒「清零」，愉快地面對新的一天。

《心經》主要講如何修行達成涅槃，但連帶談到對身心現象的觀察方法。近代科學有推理、觀察，還有實驗檢證方法。佛法也講推理（如因明學），也有其特殊的觀察方法。《心經》揭示了這個可直接觀察身心現象的方法，首句「觀自在菩薩，行深般若波羅蜜多時，照見五蘊皆空，度一切苦厄」，就是說菩薩（覺悟而有情的眾生）修行深般若（超越智慧，必須「法空」），或說修行的功夫深，達到彼岸令人有定的大智慧（般若波羅蜜多），能觀照眾生的五種構成要素（五蘊）的自性沒有實體的（空的），這樣能度色、心的一切苦厄。現今，多數科學家認為心靈是大腦的產物，作為一個由數千億神經元、突觸和生化物質組成的物理系統的大腦，通過生化反應，產生了各類主觀感受，如痛苦、愉快、憤怒、愛。科學家找到某些神經元跟哪些意識有關，但仍無法完全解釋大腦如何產生這些感受 —— 心靈。研究大腦是了解心靈的一個方法，佛教對身心的觀察也是個方法，或許是更直接的方法。

其實，科學不一定都可以實驗檢證的，它只是滿足「自圓其說」與「運作有效」兩個條件的一套解釋和操作物質宇宙及生命

現象的思維、知識體系。佛法為指涉物質宇宙及生命現象的哲思，它也可作如是觀。

《金剛經‧妙行無住分第四、如理實見分第五、正信稀有分第六、莊嚴佛土無有住相分第十、受持演說勝無住行施分第三十二》

《金剛般若波羅蜜經》是大乘佛教的重要經典，中國禪宗六祖惠能因聽聞此經而開悟；全稱《能斷金剛般若波羅蜜多經》（梵文釋義：以能斷金剛的智慧到彼岸），簡稱《金剛經》。後秦（公元 384－417）鳩摩羅什翻譯的法本是最早也流傳最廣的譯本，本則取自此譯本。

〈妙行無住分第四〉

原文

　　復次，須菩提！菩薩於法，應無所住，行於布施。所謂不住色布施，不住聲香味觸法布施。

　　須菩提！菩薩應如是布施，不住於相。何以故？若菩薩不住相布施，其福德不可思量。

今譯

　　再者，須菩提！菩薩對事物應沒有執着，以此去布施。也就

是所謂不執着於色相的布施，以及不執着於聲、香、味、觸覺、事物的布施。

須菩提！菩薩應像這樣去不執着於形象而布施，為什麼呢？若菩薩不執着於形象去布施，他所得到的福德是不可思量的。

析義與應用

這則講的「不住相」的布施（施捨），也就是有布施的行為，卻沒有布施「相」的執着。「相」，是「名相」，也就是概念。有某個行動，卻沒有相應概念的執着，為何佛陀堅持這樣的原則？莫非他認為當人在執着相應概念下採取某個行動時，概念的執着會妨害行動？

比如，若布施時看施捨的物件如何才布施，變成挑挑揀揀地布施，使布施變得猶疑，甚至放棄。若看看接受者會不會回報，看看接受者是不是長得漂亮，等等，這都是有雜念、動機不純的布施，已背離了布施的本意，對施者的智慧增長沒有幫助。

有外地人到西藏拉薩去旅遊，施捨金錢給乞討小孩子，有的小孩子多些，有的小孩子少些。後來有人提醒他，不能這樣挑挑揀揀，因人而異地布施，而應該一律平等地給同樣的錢給過來乞討的小孩。這樣是有一定道理。

基督教也有類似的觀念。比如，基督對人的愛（agape），是一種不分物件、沒有差別的對所有人的愛、一種不求回報的付出。耶穌要求「你左手做的善事，不要讓你的右手知道」，也有點一個人做好事，自己不要着意。這種不求回報的愛，如果一個

社會能夠廣泛盛行，那這個社會就會有很多的福報，達到墨子所謂「兼相愛，交相利」的狀況。

在某種意義上，「不住相」的布施相當於父母對子女的愛，是一種完全的義務，不因子女將來可能對我不孝，不回報我而不付出。當然，這是理想的父母之愛。在現實生活中，不少父母「養兒防老」，是有現實的考慮的，落到了功利的層次。

有些人把布施、慈善作為增進自己社會名譽資本、斂財的手段，更是等而下之。湖南有個女網紅龍晶晴，從美國名校哥倫比亞大學畢業，有顏值有身材，宣傳自己連續十年在湖南鳳凰縣「支教」（給窮困地區的孩子上課）。但經過網友的「扒糞」，發現她是「打卡式支教」，就是每年只去那麼幾天，但到處擺拍宣傳自己做了善事，提升自己的「光輝形象」。她的名下，有一家文化傳播有限公司，以及一助學服務的社會組織。該組織於 2021 年 4 月份，辦了個為期 5 天的「支教活動」，交 5,000 元人民幣「善款」即可報名參加，被網民質疑「根本把支教當作一門生意」。現在，美國、中國等國家的一些高校在招生時，會考慮投考人從事過的公益活動，因此，有一些「精緻的利己主義者」就應運而生，出於功利的目的去落後地區「支援」當地幾天，拍一些照片展示自己去過那裏，以獲取名校的入場券。這樣的「慈善」，還不如沒有，因為它會形成社會上虛偽、沽名釣譽、貪婪的風氣。

「菩薩於法，應無所住」，對如何執行「法」（一切事物），應學菩薩「應無所住」，布施只是一個例子，許多其他事物也可

以用這個原則去處理。

〈如理實見分第五〉

原文

「須菩提！於意云何？可以身相見如來不？」
「不也，世尊！不可以身相得見如來。
何以故？如來所說身相，即非身相。」
佛告須菩提：「凡所有相，皆是虛妄。若見諸相非相，
即見如來。」

今譯

「須菩提！你怎麼看？可以以身體的形象看見如來嗎？」

「世尊，不是的。不可以以身體的形象看見如來。為什麼呢？如來說身體的形象，即是非身體的形象。」

佛告訴須菩提：「所有的觀念，都是虛幻妄想。若能見到表象非表象，即見到如來。」

析義與應用

這裏可以「五蘊皆空」的道理來討論能否看到「如來的身體」。佛的色身乃是由地水火風四大元素假合而成的，是空的、虛妄不實。如果能看出色相不是真相，領悟到這個道理，就能見

到如來了。據佛教理論，成佛有三身：法身是佛的真身，以正法為體；報身是完成佛果之身；化身是佛為救度眾生變化出來的身。以某些哲學的觀點看，法身就是本體（實相，不生不滅），報身是現象，兩者是相對的。化身則是法身的變化的作用。不可以身相得見如來，就是不要把現象當作本體。宇宙間一切的事物，有體（本體）、相、用；法、報、化三身就是體、相、用。比如，水是體，泡了茶或做了酒，茶、酒是它的相；同樣是水，變化成不同的現象，那是它的用。西方哲學中，本體（noumenon，字源古希臘語）指與現象對立、不可用感官去認識到的被認定為實的物體或事件，近代德國哲學家康德稱之為「物自身」。辯證唯物主義認為物質是第一性的，但現象與本體沒有不可逾越的界限，只有仍未認識的東西，沒有不可認識的東西。將精神與物質結合的因緣和合論的佛學，強調認識事物要掌握它的本體（實相），而不是現象。這道理在所有事情或學科上都適用，以及應該使用。

由於法身沒有形象，一般信眾只能看到以報身和化身來到人間的佛的形象。基督教來說，上帝是靈，不是物質，上帝沒有身體，故而信徒不能看到上帝身體。但是，為了讓人了解上帝，上帝中的一個位格——聖子基督——化身成人，將上帝顯示了出來。原始佛教是不造像的，如《十誦律》說：「如佛身像不應作……」。但公元前後，犍陀羅式、摩突羅式的佛的畫、雕刻像，逐漸流行。這可能跟這兩個印度古國位處交通要道，受西邊入侵的外族（如希臘人、波斯人）的文化影響有關；另一方面，

也可能因大眾部說「佛身無漏」、相好莊嚴，引致大乘經的「法身有色」說。有論者認為禮拜佛、菩薩的像是「因我禮汝」——因為我的形象存在，你起恭敬心拜下來，你拜的不是拜我，而是你自己。道理是如「佛在靈山莫遠求，靈山就在汝心頭；人人有個靈山塔，好向靈山塔下修」古德詩句所示，眾生皆有淨純自性，要向自性禮拜。

〈正信稀有分第六〉

原文

「何以故？是諸眾生，無復我相、人相、眾生相、壽者相。無法相，亦無非法相。」「何以故？是諸眾生，若心取相，即為着我、人、眾生、壽者。若取法相，即着我、人、眾生、壽者。

「何以故？若取非法相，即着我、人、眾生、壽者。是故不應取法，不應取非法。

「以是義故，如來常說：『汝等比丘，知我說法，如筏喻者，法尚應捨，何況非法。』」

今譯

「為什麼呢？因為這些眾生，不再有自我的觀念、人類的觀念、眾生的觀念、壽命的觀念。沒有事物的觀念，也沒有事物不

存在的觀念。

「為什麼呢？因為這些眾生，如果他們的心執着於觀念，即是執着於自我、人類、眾生、壽命的觀念。

「為什麼呢？如果執着於事物的觀念，即是執着於自我、人類、眾生、壽命的觀念。如果執着於事物不存在的觀念，即是執着於自我、人類、眾生、壽命的觀念。所以不應執着於事物，也不應執着於事物的不實存。

「因為這個道理，所以如來常說：『你們這些比丘，要知道我說法，就像以竹筏作比喻。正法尚且應該捨棄，何況不是佛法的道理。』」

析義與應用

佛陀在講《金剛經》的時候預言，在後五百年的末法時期，在弘揚正法的地方會有持戒修福、淨信《金剛經》的眾生。這則經就是回答「為什麼」有這樣的眾生的問題，也就是借助講修行的途徑，說明「無相」的重要性。

人有個「我」的意念，就會有私心、有分別心，這就是「我相」；也有人與人之間有差別的意念，這就是「人相」；進而對於動物有差別的意念，這就是「眾生相」。人類把生物的出生當開始、死亡當結束，這就是「壽者相」；佛教認為，眾生在六道中輪迴，生命只是存在相狀的不同，而沒有所謂壽命。

人有分別心，執着於人與人、事物之間的區別，形成偏好，產生貪瞋癡，造成煩惱。信佛的人學習了緣起性空的道理之後，

就可以放下執着，把「我」、「人」、「眾生」、「壽命」這些名相觀念都放棄。但是有一些人執着於「去執」，天天念叨着要消除法相，不要被法相所束縛，可是這樣也從反面被法相糾纏住了。好像有些戀人說要分手，卻時刻記掛着對方，可反面證明還沒有放下對方。

所謂佛法就像一個竹筏，你用這個方法過了河，就可以把竹筏拋掉了。所以，佛法只是一種方法，讓你「去除」煩惱，連這個方法也一併「去除」。在生活中，我們應「前腳走，後腳放」，對過去的事讓它過去，把心神專注在當下該做的事上。

〈莊嚴佛土無有住相分第十〉

原文

「須菩提！於意云何？菩薩莊嚴佛土不？」

「不也，世尊！何以故？莊嚴佛土者，即非莊嚴，是名莊嚴。」

「是故須菩提，諸菩薩摩訶薩應如是生清淨心，不應住色生心，不應住聲香味觸法生心，應無所住而生其心。」

「須菩提！譬如有人，身如須彌山王，於意云何？是身為大不？」

須菩提言：「甚大！世尊！何以故？佛說非身，是名大身。」

「須菩提！你怎麼看？是菩薩令佛土莊嚴嗎？」

「不是的，世尊！為什麼呢？佛土的莊嚴，並不是實在的莊嚴，只是名為莊嚴。」

「所以須菩提，諸位菩薩、摩訶薩應當這樣生起清淨心，不應當執着於色（物質）而生起心，不應當執着於香、味、觸、法而生起心，應當無所執着而生起其心。」

「須菩提！譬如有人身體像須彌山王，你怎麼看？他的身體是不是很大？」

須菩提說：「非常大！世尊！為什麼呢？佛所說身體並不是實在的身體，只是把它稱為巨大之身。」

析義與應用

這則的「應無所住而生其心」是《金剛經》的一名句，談及佛提倡的一個修行方法：應無所住，不應住色聲香味觸法，不住就生清淨心。就算是「莊嚴佛土」，也不應住。若存有莊嚴清淨佛土的心念，便是着相執法，就不是如是清淨心。着相的莊嚴佛土，便落入世間的有漏福德，即非真正莊嚴佛土。莊嚴二字，只是為了度化眾生，權立一個名相而已。可見大乘佛教所謂「佛土」，是一種非實在論的理想假設，是一個「假名」，因此不能將它執實成基督教「天國」一類的觀念，尤其不能對它產生執着，否則不是大乘的「空空」之觀念（指一切皆空而又不執着於空名與空見）。

這則中「莊嚴佛土者，即非莊嚴，是名莊嚴」句子呈現的思辨模式，在《金剛經》多次出現。上世紀五十年代，在等候會見一位柬埔寨僧人時，國家主席毛澤東跟中國佛教協會任事的趙樸初居士，聊到這思辨模式。毛澤東說，佛教有這麼一個公式 —— 趙樸初，即非趙樸初，是名趙樸初，並問：「為什麼先肯定，後否定？」趙樸初回答說：「不是先肯定，後否定，而是同時肯定，同時否定。」交談到此，訪客到了，就沒有聊下去。後來趙樸初在他《佛教常識問答‧序》中寫道：「書中談到的緣起性空的思想，可能補充了當時我在毛主席前所想講的話。」依緣起性空的思想，因緣和合產生了事物（有），但它沒有自性（空）；所以對事物，可以說同時肯定，同時否定。有關「空、有」，印度佛教多說「幻空假有」，中國佛教多說「真空妙有」，印順法師則稱「性空唯名」（在下面《中論‧觀有無品》有較為詳細的討論）。毛澤東指出的這個公式，在日常修行上滿好用的。舉例：對待「成功」、「失敗」，我們可以說「成功／失敗者，即非成功／失敗，是名成功／失敗」。這樣，我們的得失心不會太重，勝不驕、敗不餒；當然，不應以故意否定自己的態度或以阿Q精神（自我安慰法）去使用這個公式，而是真正領悟它背後緣起性空的道理。

　　說回莊嚴佛土，《金剛經》並不是設想有一個完全脫離煩惱的極樂世界。恰好相反，經文要表達的是，以金剛能斷一切煩惱為意象，求得解脫。佛教認為「煩惱即菩提」，從煩惱的磨鍊、觀照中，長養清淨的正覺（菩提）。若擁有慈悲與解決煩惱的智

慧，當下見到的，就是人間淨土，且可推展成為能實踐的一種生活方式。

〈受持演說勝無住行施分第三十二〉

原文

　　不取於相，如如不動。何以故？一切有為法，如夢幻泡影，如露亦如電，應作如是觀。

今譯

　　不執取概念，如如不動。為什麼呢？一切世間事物，如夢幻泡影，像露水也像閃電，應當如是看待。

析義與應用

　　這則是《金剛經》著名的四句偈，道出了佛理的精髓：世間一切法相都是暫時性的因緣假合。崇信佛教的北宋文學家蘇東坡的詩句「人似秋雁來有信，事如春夢了無痕」，講述的人生經驗，與《金剛經》這四句偈有相近的意思。

　　「夢」是我們心裏想的東西，所謂「日有所思夜有所夢」，佛家認為夢是由第六意識所主宰，是被心牽着走的，但一覺醒來，就消逝了；「幻」就是指幻術，也就是戲法，是假的，在欺騙我們的；「泡」是氣泡、肥皂泡，在陽光之下色彩繽紛，但一

戳就破;「影」是陰影,如樹蔭,隨着太陽升起落下,一直在變動,是不定的;「露」,晶瑩,太陽一出來,就消失得無影無蹤,是無常的;「電」是電光,閃爍一掠而過,不僅無常,而且這種無常是迅速的。

夢、幻、泡、影、露、電是「假有」,不能說「沒有」,因為確實存在、發生過,但也不能說它「真有」。它們是由不同元素因緣湊合產生的事物,沒有了那些條件,就不再存在,所以是無常的。如果我們把感情、希望,以至生命都執着在如這些「相」的事物上,那就很大問題了。

《中論・觀有無品》

《中論》原名《中觀論》。論是歷代高僧所著，一般是對佛經（佛說）的詮釋。《中論》是大約生活在公元二世紀、出生於南印度的大乘論師龍樹早期的作品，也是他最具代表性的著作。初期大乘自公元前後發展至龍樹所處的年代，已有二百多年，面對印度的神教、佛教內部的部派、大乘自身的分歧，有必要分別、抉擇、貫通，確立大乘正義。龍樹把《般若經》的「緣生性空」的觀念作引領，建立自己的理論體系，為大乘中觀學派奠下基礎。全書共有五百頌，分為二十七品；分別討論了二十七個問題，對當時佛教外內的錯誤觀念，加以破斥，並運用否定的方法去顯示他的中道理想。漢譯本為鳩摩羅什做。

原文

　　　　眾緣中有性，是事則不然。性從眾緣出，即名為作法。

　　　　性若是作者，云何有此義？性名為無作，不待異法成。

　　　　法若無自性，云何有他性？自性於他性，亦名為

他性。

離自性他性，何得更有法？若有自他性，諸法則得成。

有若不成者，無云何可成？因有有法故，有壞名為無。

若人見有無，見自性他性。如是則不見，佛法真實義。

佛能滅有無，如化迦旃延。經中之所說，離有亦離無。

若法實有性，後則不應異。性若有異相，是事終不然。

若法實有性，云何而可異？若法實無性，云何而可異？

定有則着常，定無則着斷。是故有智者，不應着有無。

若法有定性，非無則是常。先有而今無，是則為斷滅。

今譯

諸種緣由若有其本性，事情就不對了。本性若從諸緣所出，它的名字就應當是「造作之物」（「性」即本性，即自性。事物由於因緣湊合而生，相當於被人用各種材料造出來，它自己並無固定不變的自性。你說因緣能造就自性，這是不對的）。

本性若是造作之物，還如何有「本性」的意義？本性若名為「無所造作」，就不會有不同的事物形成（你若說「自性」是造作出來的，那就違背了「自性」的本義。如果你說「自性」並非造作出來的，那麼它就不會形成別的新的東西，因為它是固定不變的）。

事物若沒有自身不變的自性，怎麼能有自身不變的他性呢？「自性」是相對於「他性」而言的，在這裏稱「自性」，在那裏就被稱為「他性」（如果諸法的「自性」不存在，他法的自性又怎麼會存在呢？他性是相對於自性稱呼的）。

（以上幾句講緣起性空，事物生成依賴於各種因緣條件，因此諸法並無「自性」，並無固定不變的「本性」。）

離開「自性」和「他性」，哪還有事物本身呢？若有「自性」和「他性」，諸種事物就可以成了（但緣起性空證明了事物並無「自性」或「他性」，故諸物並不能成）。

「有」若不能令事物得以成立，「無」又怎麼能實現呢？因為「有」令事物存在，「有」的壞失就叫做「無」（依照緣起性空，如果前面你說的「眾緣中有性」都不能令事物生成，那你說的「無」就更不能令事物生成了。但由於你前面認為「有」令事物存在，那你就只好起個壞名字「無」，把「有」的損壞和失去叫做「無」）。

（以上說明「有」不等於自性，「有」是「假有」，並無自性；「無」是「假有」之損失，可稱為「假無」，亦無自性，你不可執為「實有」。）

如果你見到「有」和作為「有」之壞失的「無」，以為就見到了自性和他性，那你這麼搞，是見不到佛法的真義的。

　　佛能夠滅掉「有」和「無」，就像教化（弟子）迦旃延，佛經中所說之法，既脫離了「有」也脫離了「無」（這裏「有」和「無」指「假有」、「假無」）。

　　若事物真有自性，前後不應發生變化，若自性發生了變化，事情就不對了。

　　若事物真有自性，那你怎麼回答事物的變化？若事物確無自性（即事物是「假有」），那你也要回答事物怎麼可以有變化（這裏所說「假有」，可舉「龜角增長了一尺」為例：龜角本身並不存在，何況你還說它增長了一尺）。

　　（以上是要處理「變化」的問題。由於印度人把「自性」等同於「永恆固定不變」，因此很難用「自性」來說明「變化」。如果一事物並非「自性」的，則它就是「假有」，那想要說明「假有」的變化，就如夢中說夢，虛幻不實，所以「變化」對「假有」也構成難題。）

　　對「有」持有定見則會執着於恆常，對「無」持有定見則會執着於斷滅，所以有智慧的人不應當執着於「有」或「無」。

　　若事物有穩定不變的自性，那麼「非無」就是恆常。先「有」而今卻「無」，這即是斷滅。

　　（以上是要處理修持的問題，不能執着於某一種觀念，尤其當它偏頗的時候，無論是執着於「有」，還是執着於「無」都是如此。）

析義與應用

本則〈觀有無品〉探索事物存在的狀態，其中有沒有固定的自性，這問題關乎整個中觀思想的建立。

當時，印度人一般對於「自性」的理解，相當於西方人對於「上帝」的理解：自性（本性）就是永恆不變、固定實存的、必然的不依賴於他物產生的、「自因」、「自立者」的同義詞。

佛陀在《化迦㫊延經》中這樣教誡：「迦㫊延，何以故？眾多世間之人，對有無甚為耽執，故無力解脫於生、老、病、死、憂患、悲歎、痛苦、不悅及煩亂爭鬥。縱然以死亦不可脫離於焦躁苦痛。」釋迦牟尼在成佛之前曾修六年苦行，「日食一麻一麥」，沒有獲得成就，且幾乎餓死，轉用其他方法修行，悟出「行中道」。佛陀在《轉法輪經》中對五比丘說，苦行和欲樂都不能趣向涅槃，只有離開此二邊，行中道（以八正道指引）才能導向寂靜。這裏，「離二邊」是指對於「有無」的執見，並非指兩個極端。龍樹對「中道」的解釋，對初期佛教的有關說法講清楚或發展了。他以事物無自性立論，成立緣起即空，空即緣起，空就是中道。印順法師在《中觀論頌講記》解釋說：「因緣和合的時候，現起那如幻如化的法相是有；假使因緣離散的時候，幻化的法相離滅，就是無。此有此無，離卻因緣不存在，也不非存在；不生也不滅。」龍樹的「中道」跟儒家中庸、中和位育不同，不是要站在某個不偏不倚立場上來論理、處事；中論是「破」，着重破除對有無的「概念執」。

印度一些僧侶執着於佛法，也產生焦躁苦痛，對他們而言，

更要注重破除「法執」。有些僧人執着於佛教的理論或理論體系，迷信狂熱，頑固不化，可以說是產生了「理執」、「信仰執」。這就如同今天一些人不能準確地把握「科學精神」（實事求是，開拓創新，求真務實，批判懷疑……），而把它變成了「科學主義」、「科學狂熱」一樣，要用自然「科學」的數字和實驗方法來衡量所有的人類社會與精神、人文現象、自由意志一樣，結果不免陷入非理性的、僵化的狀況。因此，一個人在去除色執時，也要去除理執，要意識到自己所持的理論也是有局限的。

但是，要普及道理，就要用到語言，而凡是語言，往往會在聽者那裏引起對比與執着。借用當代奧地利哲學家維特根斯坦的話：你講 A，就必定會有非 A 作對比，對比是必然的。語言要構成概念，要達到有效溝通，就必然要預設對比。如講「有」，就會講「無」；講「空」，就會講「非空」。《道德經》說：「道可道，非常道；名可名，非常名」。但是「道」還是不得不「道」，結果用了五千言來說明那個本該「離言絕象」、沉默以對的「道」。對語言的本質問題，龍樹貫徹其空的思想，認為任何言語或名稱所指涉的對象，只是被虛構的東西，即「言語的假構」（戲論），言語不能讓我們掌握真實的事物。對此，我們可以用「水」作為例子加以說明。水（化學式：H_2O）是由氫、氧兩種元素，經過化學反應後組成的無機物，在常溫常壓下為無色無味的透明液體；它還可以以氣體形式存在於大氣中，在低溫下也可以形式固體。氫、氧沒有相應的條件（因緣和合，即緣起），不會形成水；

這些元素與條件沒有了，水也不會存在。所以水是性空，即沒有自性，只是為了方便，中國人稱它為水，英語人稱它為 water，都是假名而已。龍樹認同大乘的「性空」與「但有假名」，印順法師稱之為「性空唯名論」。佛家講「空」、「非空」，繼而講「非非空」，就是要徹底破除有關「空」這概念的執着。龍樹的假名（戲論、唯名）說目的是幫助修行者破除對相、概念、法等的執着。

一般而言，我們剛開始學習哲學、宗教、意識形態的觀念時，常常需要把其中的一些專有名詞（比如康德的「先驗範疇」、黑格爾的「絕對精神」等）反復記誦，進行體驗和理解。當我們對這些觀念加以認同，並且投入感情時（如「委身」的感情、信仰的感情），就當小心了，不要跌入「名相障」中，不要不分處境地濫用它們。如果你「食哲不化」，那你就要退一步反思了。

總體而言，龍樹講「空」，分為三個層次。一指「萬物皆空」，萬物都是因緣和合而起，沒有自性，遷流不居，不得執為有。二指「空掉一切」，這是一種「觀空」的功夫，一種要鍛煉出來的眼光，看自己或世間的事物時，要連「觀空」也「觀空掉」。三指境界，空的精神境界，對語言已經無所執，管它什麼「有」什麼「無」，全都不執，都當成「戲論」，達到「見山只是山，見水只是水」的「無悟無不悟」，才能兼顧「空」、「有」，真正悟道。

但龍樹知道人生活在世俗中，沒有「世俗諦」（世俗的道理）的名、相、分別，以及善行，就不可能了解空的真義。他就說

佛典選要——今譯、析義與應用

過：「若不依俗諦，不得第一義。」當代美國哲學家理察‧羅蒂（Richard Rorty）所說的「反諷」的生活態度與這道理接近：一方面你對自己的生活有一種觀照，認識到其「假有」的荒謬性，但另一方面你還要好好地生活下去，而跟自然狀態下、無意識狀態下的生存有所不同。任何宗教應該是幫助人在現實世間修行，如何高深的哲理，還是要對治世俗的問題。

《唯識三十頌》

《唯識三十頌》是印度佛教大乘瑜伽行派論書，為公元四、五世紀間的論師世親所著。瑜伽行派與龍樹的中觀派，被稱為大乘的二大正軌。《唯識三十頌》，一卷，是唐玄奘法師翻譯，是他開創的中國法相宗所本主要論書之一。此外尚有梵、藏本傳世。首二十四頌說明唯識的相狀，第二十五頌說明唯識的本質，最後五頌說明修行的步驟及證果。

原文

　　1. 由假說我法　　有種種相轉　　彼依識所變　　此能變唯三

　　2. 謂異熟思量　　及了別境識　　初阿賴耶識　　異熟一切種

　　3. 不可知執受　　處了常與觸　　作意受想思　　相應唯捨受

　　4. 是無覆無記　　觸等亦如是　　恆轉如暴流　　阿羅漢位捨

　　5. 次第二能變　　是識名末那　　依彼轉緣彼　　思量

為性相

6. 四煩惱常俱　　謂我癡我見　　並我慢我愛　　及餘
觸等俱

7. 有覆無記攝　　隨所生所繫　　阿羅漢滅定　　出世
道無有

8. 次第三能變　　差別有六種　　了境為性相　　善不
善俱非

9. 此心所遍行　　別境善煩惱　　隨煩惱不定　　皆三
受相應

10. 初遍行觸等　　次別境謂欲　　勝解念定慧　　所緣
事不同

11. 善謂信慚愧　　無貪等三根　　勤安不放逸　　行捨
及不害

12. 煩惱謂貪瞋　　癡慢疑惡見　　隨煩惱謂忿　　恨覆
惱嫉慳

13. 誑諂與害憍　　無慚及無愧　　掉舉與惛沈　　不信
並懈怠

14. 放逸及失念　　散亂不正知　　不定謂悔眠　　尋伺
二各二

15. 依止根本識　　五識隨緣現　　或俱或不俱　　如濤
波依水

16. 意識常現起　　除生無想天　　及無心二定　　睡眠
與悶絕

17. 是諸識轉變　　分別所分別　　由此彼皆無　　故一切唯識

18. 由一切種識　　如是如是變　　以展轉力故　　彼彼分別生

19. 由諸業習氣　　二取習氣俱　　前異熟既盡　　復生餘異熟

20. 由彼彼遍計　　遍計種種物　　此遍計所執　　自性無所有

21. 依他起自性　　分別緣所生　　圓成實於彼　　常遠離前性

22. 故此與依他　　非異非不異　　如無常等性　　非不見此彼

23. 即依此三性　　立彼三無性　　故佛密意說　　一切法無性

24. 初即相無性　　次無自然性　　後由遠離前　　所執我法性

25. 此諸法勝義　　亦即是真如　　常如其性故　　即唯識實性

26. 乃至未起識　　求住唯識性　　於二取隨眠　　猶未能伏滅

27. 現前立少物　　謂是唯識性　　以有所得故　　非實住唯識

28. 若時於所緣　　智都無所得　　爾時住唯識　　離二

取相故

　　29. 無得不思議　是出世間智　捨二麤重故　便證
得轉依

　　30. 此即無漏界　不思議善常　安樂解脫身　大牟
尼名法

今譯

1. 由假名來說我和法，有種種現象相互轉換，都是依心識
   所變。這樣能使現象變化的識只有三種。

2. 即異熟識、思量識和了別境識。第一是阿賴耶識，是輪
   迴相續的一切種子識。

3. 該種子識所執取和容納的、所對應的處所乃至其所分別
   的物件是不可知曉的，常常與作意（起意）、觸（接觸
   認知物件）、受（感覺到）、想（認識）、思（思慮）等
   五種心理活動相對應。

4. 它沒有染污，沒有善惡，觸等五遍行（作意、觸、受、
   想、思）也是如此。永恆流轉如洪流瀑布，到了阿羅漢
   的果位，便會捨卻。

5. 第二種能變的識叫做末那識。依阿賴耶識的原因而流
   轉，以「思量」為其特性。

6. （末那識）往往具有四種煩惱，即我癡（我的愚癡）、我
   見（我的偏見），和我慢（我的傲慢）、我愛（我的貪
   愛），同時具有觸等五種心理活動。

7. 隨着它（末那識）所生起和繫縛的物件，它展現出有染污（煩惱）、沒有善惡的特點。阿羅漢的末那識已經滅盡，出世的修行者沒有末那識。

8. 再次，第三種能變的識，區分為六種，以分別外境為其特性，既不是善的，也不是不善的。

9. 這樣一來，六種心所，即遍行心所、別境心所、善心所、煩惱心所、隨煩惱心所、不定心所，皆可與苦、樂、不苦不樂三種感受相應（心所：依心而起、與心相應的事物。可理解為心所具備的作用、性質或狀態）。

10. 首先是遍行心所，包括觸等心理現象。第二是別境心所，包含欲、勝解（堅信正法的意志）、念、定、慧，對應的外境不同。

11. 所謂善心所，包含信、慚（羞赧）、愧（內疚），沒有貪（貪婪）、瞋（憎恚）、癡（愚癡）三種不善根，勤（精進）、安（輕鬆自在）、不放逸（不放縱享樂）、行捨（捨棄浮華）和不害（不妨礙眾生）。

12. 煩惱心所包括貪、瞋、癡、慢（傲慢）、疑（懷疑、猜忌）、惡見（邪見）。隨煩惱心所包括忿（憤怒）、恨（懷恨）、覆（藏罪）、惱（熱惱）、嫉（嫉妒）、慳（吝惜）。

13. 誑（詭詐）、諂（諂媚）、害（害人）、驕（驕矜）、無慚（沒有羞赧）、無愧（沒有內疚）、掉舉（浮躁）、昏沉、不信和懈怠。

14. 放逸（放縱）、失念（邪念）、散亂、不正知（遠離正確

的知見）。不定心所包含悔（追悔）、眠（瞌睡）、尋（尋求）、伺（細察）等四項。

15. 依附於根本的阿賴耶識，眼、耳、鼻、舌、身五識隨外境現起，或同時現起，或不同時現起，如波濤依附於水。

16. 意識經常現起，除非生於無想天，及處於無想定或滅盡定等兩種無心定當中，以及睡眠與昏迷狀態。

17. 這幾種識進行轉變，分別認識物件，由此它們都不實存，所以只有識是實存的。

18. 由一切種子識（阿賴耶識），如此轉變，在展開轉變的過程中，事物之間產生分別。

19. 因為諸種業力和習氣，心和心所的習氣同時顯現。阿賴耶識於前世消失殆盡，又在下一世再次生起。

20. 由此分別思量，對種種事物進行分別，由此所持種種觀念，都沒有獨立的主體性。

21. 依他起性（事物相互依存的本性），各自以不同的因緣生起。圓成實性（圓滿成就的真實本性）與前面的性質相比，相距甚遠。

22. 所以它與依他起性，並非不同也並非不相異，就像「無常」等性質，並不是非此即彼的。

23. 於是依照這三種自性，成立了三無性。所以佛以密意說，一切事物都沒有本性。

24. 首先是相（觀念）無性，其次是無自然性，然後就是遠離主客對立的體性。

25. 這就是諸佛法的最勝秘義，也即是真如。以恆常為其體性，即是唯識的真實性質。

26. 乃至在意識尚未生起的時候，安住於唯識的真實性質，此時對於心和心所的煩惱，還沒有得到制伏和消滅。

（加行位）

27. 於修行中出現少量的認知物件，說是唯識的性質。因為仍然有所得，所以並非真實安住於唯識的境界。

（通達位）

28. 如果那時候，對於認知物件，無分別的智慧都沒有所得。這時候就是安住於唯識了，因為離開了主客二分的觀念。

（修習位）

29. 若將此不思議境界也消解了，那就是出世間的大智慧。由於捨棄了煩惱障（煩惱帶來的業障）和所知障（知識有限帶來的業障）兩種粗重（長期熏習的種子），便能證得轉依。

30. 這是具無漏功德的庫藏，這樣的生命是不可思議的、純善的、恆常的，即是安樂的解脫煩惱之身，這就是釋迦牟尼佛證悟的方法。

析義與應用

就佛教造業這個重要問題，當代哲學家唐君毅說：原始佛教認為由行而有業，此業為一行為已過去之後，而能再現之餘

勢⋯⋯此業力之力貫於眾生生命之過去現在未來之三世，而永不散失；而此業的存在與其力之貫於三世，則非吾人之意識所能自覺。唯識宗提出與心識所相應的種種根本煩惱與隨煩惱，目的是要人們知道造業與沉淪苦海的原因，故人欲成佛，必須轉化此一切煩惱，所謂轉識成智。

這要從心的活動開始。如果一個人的心端正了，心中的意念端正了，就不會口出妄語，身體也不會做出罪惡之事。由於他的身口意都修善了，就會改變周邊的小環境，收到正面回饋，受到福報。按照佛教的輪迴觀，他還會改變他在下一次輪迴的地位。在這裏，說意念、意識先行，是可以的。因為，我們是按照自己的認識、思想去行動的，我們的認識、思想、念頭指引和推動着我們的身體行為，或善或惡，影響到我們周圍的小世界。從這個角度，可以說是我「造」出了、「生」出了、「變」出了我的周遭世界。這個小世界時時與我存在着互動。它的存在離了我就不行，起碼不會如此這般。

隨着佛教的發展，要解釋越來越多的現象，包括「事物」，而這時原先用來解釋行為舉止的意識或認識就不夠了。因為顯然，世界是一個客觀的存在，環境、事物先於我存在，比如天地日月、山川河流、植物動物、鄉野城市，都是不依賴我的獨立存在，在我出生之前便已存在，在我死後還將繼續存在。我怎麼能說，這個世界是我「變現」出來的、「造作」出來的呢？這不是違背了「事物」的客觀性，陷入了「主觀唯心主義」嗎？

可是，如果我們把「我」變成「我們」，變成「人類」這個「大

我」，我們能否說，世界是由「我們」、「人類」的認識、意識「造作」出來的，是我們、人類的「意識」構造出來的呢？月亮出現在自古至今的詩人的作品中，出現在人們的言談中，是人類認識中的「事物」。如果有一個星球，從來沒有被人們看到過（包括沒有被射電望遠鏡看到過），我們能說它存在嗎？它的存在與否是我們根本不知道的，它超出了我們現在的認識能力，我們只能假設它可能存在，但我們並沒有看到過或見證過它的存在，因此，它完全沒有出現在我們的感覺和認識中，對於我們來說，它就是不存在。由此我們可以把人類整體的認識、意識、記憶當作事物存在與否的界限，就可以說，「存在即感知」。在某種意義上，這是西方哲學家喬治・貝克萊（George Berkeley），也是唯識宗說的道理。

故此，當我們說「客觀」、「不依賴於人的意識」、「獨立存在的」世界的時候，我們並不能找到這樣的世界，因為，我們所能「知道」的這樣一個「客觀」、「獨立」的世界，一定是我們從古至今看到過、感到過、聽到過、記載過、描述過、記住了的世界。當我們的認識水準低的時候，所看到的世界是一個低水準的世界，而當我們的認識水準達到高水準的時候，所看到的世界是一個高水準的世界。原始人只能看到日月星辰，看到潮漲潮落，但是不了解星球之間的重力原理，更不了解黑洞、暗物質。他們以為月亮上有神仙出沒，他們肉眼看到的星空可能只有一百顆星星，但是今天人類登上了月球，航天器飛到了火星上，哈勃望遠鏡等等已經看到了數十億光年之遠的無數的星星，潛海器深

入到了太平洋海底幾十公里，這個「世界」顯然是原始人沒有看到的。顯然，「世界」是由我們的「眼界」決定的，我們「看得」有多深多遠，世界就有多深多遠。並沒有一個離開了人的認識能力和描述能力（語言）的「客觀獨立」的世界。「世界」是「依賴」於我們的。我們的認識把世界「變現」了出來。原始人「現」出來的世界跟現代人「現」出來的世界是不同的。正如蝙蝠的世界不同於貓頭鷹的世界（牠們「看」世界的方式不同，「看」到的世界也就不同），人的世界也不同於動物的世界。

如果說，人們對外部世界的認識就好像拿着望遠鏡向外看，那麼，佛教的唯識論就好像把望遠鏡倒過來看，要看清楚人們的眼睛是如何構成的，眼睛在觀看世界的時候是如何把世界「構造」出來的。唯識宗是一種嘗試，它要把常識顛倒過來。因為常識認為，世界是客觀獨立的，我們的認識是對它的一種反映。唯識論卻要證明，你所說「客觀獨立」的世界並不「客觀獨立」，它只是你能認識到的「世界」，是你把它「變現」出來的，之所以如此，是因為你有着跟蝙蝠、貓頭鷹等其他動物不一樣的認識結構。

但是，唯識論的目的不是為了達到對人類認知結構的認識，而是為了佛教的初衷：去苦。它要證明，境由心造，業由行造，歸根究柢，出於你的心理行為，如果你能從源頭上消除罪惡的心念，則能消除無明惡境，轉識成智，通過智慧建構出一個光明世界。所以關鍵還是心底發生革命，心變了，世界也就變了。

這個過程中，第八識的阿賴耶識（藏識）與前七識相互為

緣，前七識（眼、耳、鼻、舌、身、意、末那識）能熏習（薰陶染習）阿賴耶識，熏習成的業力種子貯藏在阿賴耶識內。業力種子從潛在的狀態轉變為現實的狀態有一定的規則，即同時因果與異時因果；前者是種子生現行，後者是種子生種子。

依據緣起性空，所謂的「我」和「法」都是「假」的，因為都是因緣而生的，沒有不變的自性。就「假我」而論，有一個歷經六道輪迴、不停息運轉（即投胎、投生）的責任主體，它就是阿賴耶識。而第七識的末那識是前六識之所依，又能忠實的將前六識的善惡種子傳達給阿賴耶識，因此可說是染淨凡聖的樞紐。它總是能在我的一切身口意行為中辨認出一個「我」，把它們統一起來，認為都是我的行為，它時時刻刻都把它們歸結為「我」的，它很容易導致「我癡」、「我慢」、「我見」、「我愛」，搞得人很「自戀」，不能擺脫自我中心。只要末那識還是執着這個「我」，即使前六識行善，還是有漏之善。一旦末那識打破執着，達到清淨無漏的境地，前六識才得以隨心所欲成辦無漏善業。

《唯識三十頌》講及的第三種能變的識就是前兩識在遇到「世界」並同時「構造」世界時，所展示的種種「情態」，也即佛教想要對治的種種「心苦」。六種心所（思想現象），即遍行心所、別境心所、善心所、煩惱心所、隨煩惱心所、不定心所，皆可與苦、樂、不苦不樂三種感受相應。而從對「識」的分析來看，大部分都是負面的、「苦的」意識感受。一個人在平時的清醒狀態中（沒有睡眠和昏迷時），意識前起後續如波濤不息，從來沒有消停的時候。比如，「煩惱心所」包括貪、瞋、癡、慢（傲慢）、

疑（懷疑、猜忌）、惡見（邪見）；「隨煩惱心所」包括忿（憤怒）、恨（懷恨）、覆（藏罪）、惱（熱惱）、嫉（嫉妒）、慳（吝惜）、誑（詭詐）、諂（諂媚）、害（害人）、驕（驕矜）、無慚（沒有羞報）、無愧（沒有內疚）、掉舉（浮躁）、昏沉、不信和懈怠、放逸（放縱）、失念（邪念）、散亂、不正知（遠離正確的知見）；「不定心所」包含悔（追悔）、眠（瞌睡）、尋（尋求）、伺（細察）等四項。唯識宗認為，這些東西都是心所「現」出來的。

　　這有沒有道理？若你在學校受到了老師的批評，產生了羞恥、羞憤的心情，你會把這些負面的心理現象歸罪到自己的意識上嗎？按唯識宗，這當然與你有關了。如果你不接受老師的批評，就不會有這些負面情緒。如果你接受了，且心悅誠服，認為批評得有道理，並不會產生負面情緒，反而視為改過自新的機會，並充滿了感激之情。這不就是轉識成智了嗎？你這麼一轉，虛心接受批評，加以改正，導致跟老師、跟同學的關係融洽了，那不就改造了你自己的心，從而改造了你周圍的世界嗎？境不就隨心轉了嗎？

　　在轉識成智的過程中，「熏習」扮演關鍵的角色，不要讓身心行為對心識造成不好的影響作用。所以，佛教徒重視「薰法香」，就是要接受佛法熏習；在日常生活中，我們也要去掉不好的習氣。

《大乘玄論·二諦義》

《大乘玄論》是在中國造的有關三論宗之名著，作者為隋朝的吉藏（先祖來自安息，即今伊朗）。三論宗以印度論師龍樹的《中論》與《十二論》，以及龍樹的弟子提婆的《百論》等而立宗。三論宗並不是一個實質的宗派，只要是研究三論宗旨的都可稱三論宗。《大乘玄論》以般若空觀、無所得等大乘立場，論述南北朝以來，諸經論研究過程中所論及的重要問題，亦即依據三論教旨以論述大乘要諦，可說是大乘佛教的概論書。全書共五卷，由二諦義、八不義、佛性義、一乘義、涅槃義、二智義、教跡義、論跡義等八科組成。

（一）

原文

　　二諦，蓋是言教之通詮，相待之假稱，虛寂之妙實，窮中道之極號。明如來常依二諦說法：一者世諦，二者第一義諦。故二諦唯是教門，不關境理，而學者有

其巧拙，遂有得失之異。所以若有巧方便慧，學此二
諦，成無所得；無巧方便慧學教，即成有所得。

今譯

　　二諦（兩種真理），是佛陀言教的要旨，相互對立統一的假
稱，體現了虛實之間美妙的真實，是對「中道」的完美發揮。
所以如來常依這二諦講說佛法：一是世諦（世俗真理），二是第
一義諦（勝義真理）。因此，二諦只是教育方法，與所得境界無
關。而學習的人有聰明和愚鈍的差別，得到不同的受益。所以若
有聰慧靈巧的人學習這兩種真理，則能成就無上的智慧；沒有靈
巧智慧的人學習這種教法，就只能成就定見下的小有所得。

（二）

原文

　　問：攝嶺興皇何以言教為諦耶？

　　答：有其深意為對。由來以理為諦故，對緣假說。

　　問：《中論》云：諸佛依二諦說法；《涅槃經》云：
　　　　隨順眾生，故說二諦。是何諦耶？

　　答：能依是教諦，所依是於諦。

　　問：何意開凡聖二於諦耶？

　　答：示凡聖得失，令轉凡成聖。

問：於諦為失者，何以言諦耶？

答：論文自解。諸法性空，世間顛倒謂有，於世人為實，名之為諦；諸賢聖真知顛倒性空，於聖人是實，名之為諦。此即二於諦。諸佛依此而說，名為教諦耳。

問：教若為名諦耶？

答：有數意：一者依實而說故，所說亦實，是故名諦；二者如來誠諦之言，是故名諦；三者說有無數，實能表道，是故名諦；四者說法實能利緣，是故名諦；五者說不顛倒，是故名諦。

今譯

問：祖師僧朗為什麼以言語教化為真理？

答：有他對機說法的深意。從來都是以究竟之理為真理，在不同的機緣下給予方便的教導。

問：《中論》中說：諸佛祖依據二諦講說佛法；《涅槃經》說：隨順眾生根機，說二諦之法，這是哪一諦？

答：由此產生的是教諦（設教的真理），教諦所依據的是於諦（立場的真理）。

問：為什麼要設立凡聖兩種於諦？

答：為了指出凡聖境界的得失，令學人轉凡成聖。

問：於諦中下劣境界的真理，為什麼還能稱作真理？

答：論中自由其解。諸事物的本質屬性是「空」，世間眾生

認知顛倒才說是「有」，這一點對世人來說是真實的，稱之為真理；諸位聖賢如實地知曉世人的顛倒認識和事物的本性為空，這一點對聖人來說是真實的，也稱之為真理。這就是兩種「於諦」，也就是立場的真理。諸佛祖據此而說法，這就是「教諦」，也就是設教的真理。

問：教諦為什麼被稱為真理呢？

答：有幾重含義：一、依究竟真實而說，所說的法也是真實的，所以稱為真理；二、如來真實的說法，所以稱為真理；三、言說教化有無數種，只有真實教法能指向大道，所以稱為真理；四、講說佛法能夠利於眾生解脫的機緣，所以稱為真理；五、所說之法遠離顛倒認知，所以稱為真理。

（三）

原文

　　與他家異有……他但以有為世諦；空為真諦。今明：若有若空，皆是世諦；非空非有，始名真諦。三者：空、有為二，非空、有為不二；二與不二，皆是世諦；非二非不二，名為真諦。四者：此三種二諦皆是教門，說此三門，為令悟不三，無所依得始名為理。

　　問：前三皆是世諦，不三為真諦？

答：如此。

問：若爾，理與教何異？

答：自有二諦為教，不二為理。皆是轉側適緣無所防也。

問：何故作此四重二諦耶？

答：對毗曇事理二諦，明第一重空有二諦。二者、對成論師空有二諦。汝空有二諦，是我俗諦；非空非有方是真諦。故有第二重二諦也。三者、對大乘師依他、分別二為俗諦；依他無生、分別無相、不二真實性為真諦。今明：若二若不二，皆是我宗俗諦；非二非不二，方是真諦。故有第三重二諦。四者、大乘師復言：三性是俗，三無性非安立諦為真諦。故今明：汝依他分別二、真實不二是安立諦，非二非不二，三無性非安立諦皆是我俗諦，言忘慮絕方是真諦。

今譯

　　與他家異有……他只是以有為世諦，以空為真諦。應當明確的是：不管是有還是空，都是世俗的真理；不落空也不落有，才能叫做真實的真理。第三、空和有是二，不落空有是不二；二和不二都是世俗的真理，非二非不二是真實的真理。第四、上述三種二諦都是教化的法門，說這三種法門，是為了令人領悟對這

三者的否定、也即沒有可以依靠的定見才叫做真理。

問：前三者都是世俗真理，對三者的否定超越才是究竟
　　真理？

答：正是如此。

問：這樣的話，理和教有什麼差異呢？

答：如果說世俗和勝義兩種真理都是教，那麼不二就是理。
　　這麼說都是為了從不同側面開導眾生，不必過於執着。

問：為何要成立這「四重二諦」呢？

答：對毗曇師而言有事、理兩種真理，這就是第一重（二
　　諦）——空有二諦。第二、對成實師而言是空、有兩種
　　真理，他們的「空有二諦」，是我所說的俗諦；非空非
　　有才是真諦——所以有第二重二諦。第三、對大乘論
　　師而言，依存性、分別性是俗諦，依存於無、分別於無
　　相、不二的真實性是真諦。由此可見：說二或者不二，
　　對我宗來說都是俗諦，超越這些的非二、非不二，才
　　是真諦。所以又有第三重二諦。第四、大乘論師又說：
　　遍計所執性、依他起性和圓成實性三性是俗諦，非虛
　　設的三無性是真諦。所以可知：他們的依存性和分別性
　　二分、真實不二都是虛設之理，非二、非不二、非虛設
　　的三無性皆是我們的俗諦，超越言語和思維的實在才是
　　真諦。

析義與應用

　　這則所說的二諦，指世諦（世俗諦）與第一義諦（真諦）。中世紀阿拉伯哲學和基督教哲學中有「雙重真理說」，指存在着兩種真理：世俗的真理是經由理性的過程而獲得，而神聖的真理則只能經由上天的啟示而獲得。二諦說可跟雙重真理說互為對照、參考。

　　這則論及「二與不二」與「中道」概念，要解釋一下。「不二」意指無所謂「二」，亦即否定「二」，或不存在「二」。「二」可指兩個相對的概念、語詞、實體，乃至於任何相對的對象、相對的項目，甚至一切不可鬆動的分別。「不二」是否定任何二分的對立，乃至於否定一切相對的項目，以及一切的分別。「中道」指不依靠在任何端點上，行走於中間，即過程中不被周遭的任何事物所吸引，產生攀緣、黏着、偏離的情形。以中觀立場，凡是相對都是有所得的執着，都應該要掃除，才能顯示無所得的中道。

　　以下把本則內容簡要疏理一下。

　　第一、二諦的本質是佛陀以語言假設的教化，但指向中道，而中道本是難以言說的。二諦是方便施設，只關教法，無關境理。南北朝以來，笨蛋才說自己學到了多少境理；智者卻一無所得。吉藏說得諷刺，但是對的，因為二諦只是方便，無關境理。聰明人明白這一點，故「一無所得」。

　　第二、三論宗主張二諦是「對緣假說」，持之有故，經典中有依據。吉藏在「教二諦」外更提出「於二諦」，認為二諦出現

的根本原因是眾生心靈境界有差異，對真理的領會能力不同，因此才有「凡夫於」和「聖人於」。對前者只能就有說空，對後者可直接說空。凡夫與聖賢各有自認為的諦理，便形成「於二諦」。「教二諦」是能夠表達道理的教諦，但要依聽眾的根機而發，以凡夫諦教凡夫，以聖人諦教聖人，即「能依是教諦，所依是於諦」。為什麼說「教諦」是「諦」？原因有五：一、依真實的道理而立說。二、如來的教化是真實的、不虛假的。三、能將真理恰當表達出來。四、教諦確有助眾生修行。五、教諦的施設與真實相應，而不顛倒。

第三、指出他家對二諦理解的種種錯誤，建立「四重二諦」學說，最後顯明無所依的理體才是真諦。指出南北朝以來，毗曇師、成論師、攝論師和地論師都在不同層面上把二諦看成「對待」的關係，最終都墮入俗諦，不能直達理體，而只有三論師才能顯示一切「對待」都是俗諦，只有「言忘慮絕」、不可詮表的真實才是真諦。語言的局限被揭示，任何語言都難以達到真理。這為後來禪宗不落言筌、不立文字的做法，鋪平了道路。

以下說說其中的哲理和價值觀。

我們在日常生活中所依據的知識是「常識」，比如，太陽每天都會升起，人要吃飯睡覺，等等。當然，「常識」也隨着時代整體知識的變化而變化，在歐洲文藝復興時期的天文學家哥白尼以前，人們認為太陽圍繞着地球東升西落，而今天人們認為地球圍繞着太陽公轉。在佛教看來，凡夫都是依據常識生活的，認為事物是客觀存在的，比如，「太陽」就是指向照耀着天空大地

的這個恆星，「桌子」就是立在我面前的可以用來寫字放書的傢具，張三李四就是我班上的兩個同學。

可是依據我們在前面《唯識三十頌》及佛教對於「事」和「物」的分析，認為並非如此。沒有我們的意識和認識的「建構」，哪裏有什麼「客觀」、「獨立」的太陽、桌子椅子和張三李四啊？我們真正打交道的太陽、桌子椅子、張三李四，都只能是出現在我們認識中的太陽、桌子椅子、張三李四，離了我們的認識（眼見、文字描述、記憶、錄影等等），並沒有能離開我們認識、「客觀獨立」的這些東西。正如在我們的天文望遠鏡所能看到的範圍之外有沒有什麼星星，我們並不能知道一樣。認為之外有星星，現在只能是一種「猜測」，不是事實。

且在佛教看來，「世界」中的所有「物」，都是因緣湊合而生的，是不斷變遷的，中間並沒有一個所謂固定不變、持續不變的「本性」。漢口著名的「黃鶴樓」，唐代的崔灝曾題詩在上頭：「昔人已乘黃鶴去，此地空餘黃鶴樓……」一千多年過去了，歷代屢修屢毀，今天的黃鶴樓不只是換了全部構件，甚至位址都移了數里。此「黃鶴樓」並非彼「黃鶴樓」了。「人」也如此。古代印度有一位梵志（婆羅門）幼年離家，白髮蒼蒼才回到家鄉，鄰居問梵志：「昔人猶在耶？」梵志說：「吾似昔人，非昔人也。」我好像昔日那個我，但已不是昔日那個我。我的身體的每一個細胞都變換了，我所擁有的思想情緒也已經變換了，雖然你能憑着我的樣子依稀把我辨認出來，但你所認出來的這個我其實已非真實的昔日的我了。

佛教認為，我們的「物」的「世界」是由人的思想（識）「建構」出來的。按照「物」的變化（此即「幻」、「緣起」），「物」並無持存的所謂「本性」（自性），但是，為了生活的方便，也可能因為人的偷懶心理，我們就給本無自性、遷流不居的「物」加以「命名」，給它們一個「名稱」。有了「名稱」之後，人們就常常「顧名思義」，認為「名」後有「本性」了。其實，所有名都只不過是「假名」罷了，只是人們的一個「約定」而已，跟「物」有沒有「本性」毫無關係。

由意識和行為決定的「事」的「世界」也是由我們「建構」出來的了。伴隨着我們的「事」而起的「情」就更是出於我們的意識了。「情」的獨特之處在於，它的「個人主觀性」更強。常人依據「常識」，既然以為「物」和「事」有其「常性」、「常理」，那麼就會據此去安排自己的人生，如執着於功名利祿權勢等等。

為破除人們對物、事、情的執着，佛教要讓他們明白「空」的道理，但不能劈頭便說空，而要根據他們的思維能力、「執着」程度（沉溺深度）和知識水準，予以說法開示。在修煉上，佛教也不會要求人們放棄一切世俗追求（因為人畢竟要生活），而只是要他們逐步放棄一些有礙於道的執見。而對於一些「上根人」，則「一點就透」，「一說就明」，直接跟他們說「空」的道理就可以。

「物」和「事」如此，那麼，揭示了「物」和「事」的變遷不居、「空」性和依賴於「識」的「佛法」本身，是否有「自性」呢？是否對之亦應以「假名」、「戲論」對待呢？如果把「緣起

性空」的理論貫徹到底，那當然也應該把「空」、「有」這些彼此「對待」（相對而設）的「假名」都「空掉」。

一方面我們要用語言來思想（語言本身就是思想），但另一方面我們要認識到語言是「假名」，是「戲論」，不能把作為工具的語言當作「目標」來追求（以手指月，指非月），更不能認為「目標」是外在實有的。如果說有「目標」，那也只是佛教要揭示的「真實」，離言去象的、不落言筌的，清除一切對立、分別，去掉它們帶來的各種情緒，以至語言概念的限制。這有助於人們解放心靈，讓思想更自由、想像更有空間，因而更具創造力。

對「空」的解釋，三論宗與佛教其他宗派有不同的地方，漢地論師在中觀的基礎上豐富了有關空的義理，這則「二諦義」開頭就點出「故二諦唯是教門，不關境理」，打破了或境、或理之有所得的圈子。前面提及的神教衍生的「雙重真理說」講存在兩種對立的真理，《大乘玄論》的「不二」則否定任何二分的對立，以及一切的分別，讓修行者游走於真諦（出世間）與世俗諦（世間），以出世的精神做入世的事，達致事事無礙，圓融無滯。「不二」在人際關係的應用上，就是不要有分別心，而要以平等心對待他人，沒有善惡、好壞、親疏等之別。若以慈悲來對待眾生，就能對他們一視同仁。

《大乘起信論·六則》

《大乘起信論》是一部與中國佛學發展有密切關係的著作，傳為大約生活在公元二世紀的印度論師馬鳴依據《楞伽經》所造，但自唐代開始，有人認為此論是在中國撰寫。本論闡述了於大乘佛教生起正信的理論，繼承、概述了唯識學的如來藏思想，但主張「真如緣起」，體現了漢傳佛教部分宗派所推崇的即身成就、見性成佛之圓滿。篇幅凡一卷，是自隋、唐起對漢傳佛教影響很大的一部論著。

（一）

原文

　　1. 心真如者，即是一法界大總相法門體，所謂心性不生不滅。

　　2. 一切諸法，惟依妄念，而有差別。若離心念，則無一切境界之相。

　　3. 以一切言說，假名無實，但隨妄念，不可得故。

言真如者，亦無有相。

4. 依一切眾生，以有妄心，念念分別，皆不相應，故說為空。若離妄心，實無可空故。

5. 若知一切法，雖說，無有能說可說；雖念，亦無能念可念，是名隨順。若離於念，名為得入。

6. 以離念境界，惟證相應故。

7. 心生滅門者，謂依如來藏有生滅心轉。所謂不生不滅與生滅和合，非一非異，名為阿梨耶識。

8. 若有眾生，能觀無念者，則為向佛智故。

9. 所言覺義者，謂心體離念。離念相者，等虛空界，無所不遍。法界一相，即是如來平等法身。

今譯

1. 所謂的心真如門，也就是一法界大總相法門體。就是說心性不曾產生，也不會消亡。

2. 一切各種事物，只是因為妄念，才產生了差別；若能離開心中的妄念，就沒有了一切境界的樣子。

3. 因為一切言說，都是「假名」（即虛設的概念），沒有真實的本質，僅僅隨着妄念而產生，其本性是不可得的。這裏所說的真如，也沒有任何形象。

4. 因為一切眾生，以顛倒妄想之心，念念分別，皆與真實的本質不相應，所以說是空。若離開妄想心，實則沒什麼可空。

5. 若知道一切佛法，雖然可以方便言說，實際上卻根本沒有什麼能說和可說的；雖然可以生起念頭，實際上卻根本沒有能念的我，也沒有可念的法。這就叫做隨順的方法。若離開了妄念，就叫做悟入真如。

6. 因為只有離卻妄念的境界，才與真如的修證相應。

7. 所謂的心生滅門，依賴於如來藏的緣故，所以有了生滅心念的流轉。所謂不生不滅的心體與生滅的心念相和合，既不相同，也不相異，名字叫做阿梨耶識。

8. 若有眾生，能觀修無念之念，則為佛之智慧的開啟。

9. 所謂的覺義，就是指心的本體離開妄念。那個遠離念頭生滅相的心體，平等於虛空法界，沒有不周遍的地方。整個法界顯現為沒有任何差別的相狀，這就是如來的平等法身。

（二）

原文

　　10. 所言不覺義者，謂不如實知真如法一故，不覺心起而有其念。

　　11. 以一切心識之相，皆是無明。無明之相，不離覺性；非可壞，非不可壞。

　　12. 若離不覺之心，則無真覺自相可說。

13. 當知，無明能生一切染法。以一切染法，皆是不覺相故。

14. 覺則不動，動則有苦，果不離因故。

15. 以依阿梨耶識，說有無明，不覺而起，能見、能現，能取境界，起念相續，故說為意。

16. 相續識，以念相應不斷故。住持過去無量世等善惡之業，令不失故。復能成熟現在未來苦樂等報，無差違故。能令現在已經之事，忽然而念；未來之事，不覺妄慮。

17. 三界虛偽，唯心所作，離心則無六塵境界。此義云何？以一切法皆從心起，妄念而生。一切分別，即分別自心。心不見心，無相可得。

18. 當知世間一切境界，皆依眾生無明妄心，而得住持。是故一切法，如鏡中像，無體可得，唯心虛妄。以心生，則種種法生；心滅，則種種法滅故。

19. 言意識者，即此相續識，依諸凡夫取着轉深，計我我所，種種妄執；隨事攀緣，分別六塵，名為意識。

20. 是心從本已來自性清淨，而有無明；為無明所染，有其染心，雖有染心而常恆不變。是故此義，唯佛所知。

21. 以依染心，能見能現，妄取境界，違平等性故。以一切法常靜，無有起相。無明不覺，妄與法違，故不能得隨順世間一切境界，種種知故。

10. 所謂的不覺義，是指沒有能夠如實知道，所有境界純是真如一心的緣故，忽然心動，而生起了念頭。

11. 因為一切心識的特徵都是無明（沒有智慧）。無明的相狀，離不開覺性；不是可壞滅，也不是不可壞滅。

12. 若離開不覺的心，那就沒有究竟真實的覺悟和實體的觀念可說。

13. 應當知道，愚癡的無明能生起一切染污的事物。因為一切染污的事物，皆是不覺之相。

14. 覺悟了的心是不動的，心念動則有苦惱，所以說果和因是分不開的。

15. 因為阿梨耶識的緣故，所以說有無明，從不覺而有心動，陸續生起能見之相、能現之相、能分別之境界，分別念相續不斷地生起（相續相），所以把它稱為意。

16. 相續識，因為心念相應不斷，住持過去無量世代的善業和惡業，使業種不會失去的緣故。它還能夠使現在和未來苦與樂的業報得以成熟，並且絲毫不差地顯現出來。它能讓現在已經發生的事情，在心中忽然生起念頭去攀緣；讓未來的事情，不知不覺地在心中生起虛妄的設想和考慮。

17. 三界一切存有，都是虛假而不真實的，都只是心念造作而產生的。如果離開了生滅心念的話，就沒有了一切六塵境界。其中的道理是什麼呢？一切事物都是從心中生

起的，依賴於妄念而產生。分別一切事物，其實就是在分別自己的心。這個分別心，見不到真如一心，因為真如一心沒有任何相狀可見。

18. 應當知道，世間的一切境界，都是依賴於眾生的無明妄心，而得以成立和持續的。因此，一切萬物都如同鏡子當中的影像一樣，沒有實體可得，只是眾生的虛妄心念。因為心念一旦產生，那麼種種事物就會產生；心念一旦滅除，種種事物就會隨之湮滅。

19. 所謂意識，就是指前文所說的相續識。依賴於一切凡夫貪取和執着的逐漸加深，計較出主體和客體的差別，以及種種虛妄的執着。使心念隨事物不斷攀緣，分別出色、聲、香、味、觸、法等六塵，叫做意識。

20. 這個真如一心從太古以來，自性本來是清淨的，而同時具有無明。因為被無明所染污的緣故，所以有了生滅染污之心。雖然有了染污之心，而真如一心是常恆不變的。因此，其中的妙義只有佛陀能夠知曉。

21. 因為依賴於雜染心的緣故，有了能見之相和能現起之相，虛妄執着貪取境界，違背了真如平等本性的緣故。因為一切法常住於寂靜本性當中，沒有起滅的動相。無明而沒有覺悟，虛妄而與真實的佛法相違背，所以不能夠隨順對於世間一切境界及種種了知的智慧。

（三）

22. 云何熏習，起染法不斷？所謂以依真如法故，有於無明；以有無明染法因故，即熏習真如；以熏習故，則有妄心；以有妄心，即熏無明。不了真如法故，不覺念起，現妄境界。以有妄境界染法緣故，即熏習妄心，令其念着，造種種業，受於一切身心等苦。

23. 自信己性，知心妄動，無前境界，修遠離法。以如實知無前境界故，種種方便，起隨順行，不取不念。乃至久遠熏習力故，無明則滅；以無明滅故，心無有起；以無起故，境界隨滅；以因緣俱滅故，心相皆盡，名得涅槃，成自然業。

24. 真如淨法，實無於染，但以無明而薰習故，則有染相。無明染法，實無淨業；但以真如而薰習故，則有淨用。（25、26略）

27. 若心起見，則有不見之相。心性離見，即是遍照法界義故。若心有動，非真識知，無有自性；非常非樂，非我非淨，熱惱衰變，則不自在。

28. 明虛空相是其妄法，體無不實。以對色故有，是可見相，令心生滅。以一切色法，本來是心，實無外色。若無外色者，則無虛空之相。所謂一切境界，唯心妄起故有；若心離於妄動，則一切境界滅。

29. 世間諸法，畢竟體空，乃至涅槃、真如之法，亦畢竟空，從本已來自空，離一切相。以不知為破着故，即謂真如涅槃之性唯是其空。云何對治？明真如法身自體不空，具足無量性功德故。

30. 如來之藏無有增減，體備一切功德之法。以不解故，即謂如來之藏，有色、心法自相差別。云何對治？以唯依真如義說故。因生滅染義，示現說差別故。

31. 一切世間生死染法，皆依如來藏而有。一切諸法，不離真如。以不解故，謂如來藏自體具有一切世間生死等法。

32. 以如來藏無前際故，無明之相亦無有始。若說三界外，更有眾生始起者，即是外道經說。又如來藏無有後際，諸佛所得涅槃與之相應，則無後際故。

33. 依如來藏，故有生死；依如來藏，故得涅槃。

34. 以五陰法自性不生，則無有滅，本來涅槃故。

35. 一切法從本已來，非色非心，非智非識，非有非無，畢竟不可說相。而有言說者：當知如來善巧方便，假以言說引導眾生。其旨趣者，皆為離念，歸於真如。以念一切法，令心生滅，不入實智故。

36. 信成就發心者，發何等心？略說有三種。云何為三？一者、直心：正念真如法故；二者、深心：樂集一切諸善行故；三者、大悲心：欲拔一切眾生苦故。

37. 眾生真如之法體性空淨，而有無量煩惱染垢。

若人雖念真如，不以方便種種薰修，亦無得淨。以垢無量，遍一切法故；修一切善行，以為對治。若人修行一切善法，自然歸順真如法故。

今譯

22. 怎麼樣薰習，而使染污之物不斷生起的呢？就是說依賴於真如淨法的緣故，而有了無明；因為有了無明，作為染污之物生起之因的緣故，無明就會薰習真如；因為這種薰習的緣故，就有了虛妄之心；因為有了虛妄之心，就會進一步薰習無明。由於不明了真如一心的緣故，不覺而生起念頭，顯現出虛妄境界。因為有了虛妄境界，作為染污之物進一步生起之助緣的緣故，此虛妄境界就會薰習虛妄之心，使它產生分別念和虛妄執着，造作種種業行，承受各種各樣的身心之苦。

23. 相信自己的本性，知道心念的虛妄波動，沒有如前所述的境界，修行種種遠離境界攀緣的法門。因為已經如實知道，所對應的一切境界虛妄不實的緣故，隨順發起種種方便法門，不執取，不妄念，乃至於經過久遠無量的劫數，真如薰習力充足的緣故，無明就會消滅。因為無明消滅了的緣故，心中就沒有了妄念的相續生起；因為沒有生滅念的緣故境界之相也隨之消滅了；因為無明之因和境界之緣都消滅了的緣故，一切染心之相都滅盡無遺，這就叫得到涅槃，成就自然之業。

24. 真如淨法（究竟真實清淨的事物），從真實意義上沒有什麼染着，因為受到無明愚癡的熏習，於是有了染着的表象。無明染法（無明染着的事物），其實並沒有清淨之業，因為受到真如的熏習，因此有了清淨的功用。（25、26略）

27. 如果心動而生起所見的境界，就會有不能見之表象。心性離開所見，就是遍照現象界之義了。如果心有了動念，就不是真正的認識與知曉，沒有實在的本質性；這不是永恆的、也不是快樂的，不是主宰的、也不是清淨的，動念之心充滿了燥熱煩惱和衰退變化，所以有種種的不自在。

28. 應當讓他明白虛空之相就是虛妄的事物，其體性是不實在的。只是相對於物質來說，虛空是存在的，令心產生生滅的心念。因為一切物質，本來就是心，心念以外並不存在獨立的物質。如果心外連物質都不存在，也就沒有了虛空的相狀。就是說一切境界，只是因為心妄動起念才存在，如果心離開了無明妄動的話，一切境界就會自然消滅。

29. 世間各種事物，其體性終歸都是空，乃至涅槃、真如這樣的事物，本性也是空，自身從來都是空的，沒有一切相狀。如果不知道這是為了破除凡夫的執着，就會以為真如涅槃的本性只是空性。怎樣對治這種「虛空見」呢？應當明白，真如法身的本體不是空無所有的，而是

具備無量本性的功德的。

30. 如來藏不會有任何增減，具備一切功德妙法。因為不理解的緣故，就以為如來藏當中，確實有物質和心性的種種性質和差別。對於這種偏見，怎樣進行對治呢？應當知道，如來藏沒有增減，是依賴於究竟真理來說的；而生滅和染着的說法，是為了示現法身功德的差別。

31. 世間一切生死染污之事物，都是依賴於如來藏而存在的。一切事物，都離不開真理的顯現。因為不理解的緣故，才會認為如來藏自身當中就具有世間一切有生死等性質的事物。

32. 如來藏沒有開始的時候，眾生無明的性質也不曾有開端。如果說在三界以外還有眾生的起源，就是外道邪說。而且如來藏不會有消失的時候，因為諸佛所證得的涅槃，只是與不生不滅的如來藏相應而已，所以涅槃也永遠不會有結束的時候。

33. 因為如來藏的緣故，所以有生死，所以得涅槃。

34. 因為色、受、想、行、識等五蘊都沒有生起獨立存在、穩固不變的性質，這種性質也不會消亡，它本身就是以涅槃為體性的。

35. 一切事物自始至終都是既非物質的，也非精神的；既非智慧的，也非意識造作的；既非永恆存在的，也非究竟不存在的──這種性質終究是不可言說的。而對於那些對此言說的（經文），應當知道這是如來用預設的善巧

方便來引導眾生明白事理。這些言說的旨趣，都是為了（使眾生）離開妄念，歸心於真理。因為念想一切事物，令心生起生滅之相，都是入不了真實佛智的。

36. 所謂信成就發心，發的是什麼心？簡略地說，有三種。哪三種呢？第一、直心，就是正念真如一心之法；第二、深心，就是喜好修學一切種種善行；第三、大悲心，就是想要拔除一切眾生的苦惱。

37. 眾生事的真相是本質的空和淨，卻有着無量的煩惱使它看起來充滿染垢。若有人雖然心裏念着真如，卻不以種種方便法門熏習修證，就也得不到去除煩惱的清淨狀態。因為污垢是無量的，遍佈於一切事物；修一切善行，才能對治煩惱垢。因為如果人修行一切善法，自然就會歸順於清淨的真如之法。

（四）

原文

38. 方便有四種。云何為四？一者、行根本方便：謂觀一切法自性無生，離於妄見，不住生死；觀一切法因緣和合，業果不失，起於大悲，修諸福德，攝化眾生，不住涅槃。以隨順法性無住故。

二者、能止方便：謂慚愧悔過，能止一切惡法，不

令增長。以隨順法性離諸過故。

三者、發起善根增長方便：謂勤供養、禮拜三寶，讚歎、隨喜，勸請諸佛。以愛敬三寶淳厚心故，信得增長，乃能志求無上之道。又因佛、法、僧力所護故，能消業障，善根不退。以隨順法性離癡障故。

四者、大願平等方便：所謂發願：盡於未來，化度一切眾生，使無有餘，皆令究竟無餘涅槃。以隨順法性無斷絕故。法性廣大，遍一切眾生，平等無二，不念彼此，究竟寂滅故。

39. 解行發心者，當知轉勝。以是菩薩，從初正信已來，於第一阿僧祇劫將欲滿故，於真如法中，深解現前，所修離相。以知法性體無慳貪故，隨順修行檀波羅蜜；以知法性無染，離五欲過故，隨順修行尸波羅蜜；以知法性無苦，離瞋惱故，隨順修行羼提波羅蜜；以知法性無身心相，離懈怠故，隨順修行毗梨耶波羅蜜；以知法性常定，體無亂故，隨順修行禪波羅密；以知法性體明，離無明故，隨順修行般若波羅蜜。

40. 一切境界，本來一心，離於想念。以眾生妄見境界，故心有分齊；以妄起想念，不稱法性，故不能決了。諸佛如來離於見想，無所不遍，心真實故，即是諸法之性；自體顯照一切妄法，有大智用，無量方便，隨諸眾生所應得解，皆能開示種種法義，是故，得名一切種智。

41. 諸佛如來法身平等，遍一切處，無有作意，故說自然；但依眾生心現。眾生心者，猶如於鏡。鏡若有垢，色像不現；如是，眾生心若有垢，法身不現故。

42. 信心有四種。云何為四？一者、信根本：所謂樂念真如法故；二者、信佛有無量功德：常念親近、供養、恭敬，發起善根，願求一切智故；三者、信法有大利益：常念修行諸波羅蜜故；四者、信僧能正修行，自利、利他：常樂親近諸菩薩眾，求學如實行故。

43. 若修止者，住於靜處，端坐正意。不依氣息，不依形色，不依於空，不依地、水、火、風，乃至不依見、聞、覺、知。一切諸想，隨念皆除，亦遣除想。以一切法本來無相，念念不生、念念不滅。亦不得隨心外念境界，後以心除心。心若馳散，即當攝來，住於正念。是正念者，當知：唯心，無外境界。即復此心亦無自相，念念不可得。若從坐起，去來、進止，有所施作，於一切時，常念方便，隨順觀察。

44. 外道所有三昧，皆不離見、愛、我慢之心，貪着世間名利、恭敬故。真如三昧者：不住見相、不住得相，乃至出定亦無懈慢，所有煩惱，漸漸微薄。若諸凡夫不習此三昧法，得入如來種姓，無有是處。以修世間諸禪、三昧，多起味着，依於我見，系屬三界，與外道共。若離善知識所護，則起外道見故。

45. 一切世間有為之法，無得久停，須臾變壞。一

切心行，念念生滅，以是故苦。應觀：過去所念諸法，恍惚如夢；現在所念諸法，猶如電光；應觀：未來所念諸法，猶如於雲，忽爾而起。世間一切有身，悉皆不淨，種種穢污，無一可樂。

46. 一切眾生，從無始世來，皆因無明所熏習故，令心生滅，已受一切身心大苦。現在即有無量逼迫，未來所苦亦無分齊，難捨難離，而不覺知；眾生如是，甚為可湣。作此思惟，即應勇猛，立大誓願：願令我心，離分別故，遍於十方；修行一切諸善功德，盡其未來；以無量方便，救拔一切苦惱眾生，令得涅槃第一義樂。

47. 如來有勝方便，攝護信心。謂以專意念佛因緣，隨願得生他方佛土，常見於佛，永離惡道。如修多羅說：「若人專念西方極樂世界阿彌陀佛，所修善根，回向願求生彼世界，即得往生。常見佛故，終無有退。若觀彼佛真如法身，常勤修習，畢竟得生，住正定故。」

今譯

38. 方便法門有四種。是哪四種呢？第一、行根本方便：就是觀察一切事物沒有獨立本性的特點，遠離虛妄顛倒的見解，不陷於生死泥潭；觀察一切事物的因緣和合，業力和果報的真實存在，修行各種福德，攝受、度化眾生，不執着於涅槃——因為隨順事物的本性而無所

執着。

第二、能止方便：即慚愧悔過，能抑制一切惡的事物，令它們不再增長。因為隨順事物本性而遠離諸種過錯。

第三、發起善根增長方便：就是要勤供養、禮拜佛、法、僧三寶，歡喜地讚頌和勸請諸佛。因為敬愛三寶，發心敦厚，信念得以增長，於是能夠立志求得無上之道。又因為佛、法、僧三寶的護佑，能消滅業障，令善根永駐。隨順事物本性而遠離愚癡的障礙。

四、大願平等方便：也就是發願在未來度化一切眾生，使所有眾生得到究竟無餘涅槃。因為隨順事物本性，永無斷絕。事物的本性是廣大的，遍及一切眾生，平等無差別，沒有彼此差別之念，究竟寂滅的緣故。

39. 所謂解行發心，應當知道它更加進步。因為這些菩薩從初發心信仰佛道以來，第一個阿僧祇劫的修行接近完美，在證得的真如法當中，甚深智慧的見解浮現在眼前，所修行的成果使其遠離一切法的形相。因為知道事物本性沒有慳吝和貪婪，所以就隨順真如的法性修行施度；因為知道事物本性沒有垢染，遠離五欲，所以就隨順真如的法性修行戒度；因為知道事物本性沒有苦惱，遠離瞋和惱，所以就隨順真如的法性修行忍度；因為知道事物本性沒有身心之相，遠離懈怠，所以就隨順真如的法性修行精進度；因為知道事物本性常定而不動，沒

有散亂，所以就隨順真如的法性修行定度；因為知道事
物本性十分光明，遠離無明，所以就隨順真如的法性修
行智慧度。

40. 所有境界本是一心的顯現，遠離一切虛妄的想念；因為
眾生妄見有境界之相，所以心也有虛妄之別。生起妄
心，才起虛妄想念，這就與佛性不相稱，所以對種種法
不能有明瞭的認識。但是諸佛如來，遠離一切妄心妄
相，無所不遍。佛心真實無妄，亦即諸佛的本性；所以
佛心能顯照一切虛妄分別之法，佛智有大智妙用，對眾
生因材施教，示以種種法義，所以叫做「一切種智」。

41. 諸佛如來的法身平等無二，遍滿一切時空，而且沒有任
何造作的念頭，所以把它叫做自然，只是隨應於眾生心
而顯現。所謂的眾生心，就好像鏡子一樣，如果鏡子上
面有了污垢，物體形象就無法顯現了。同樣，如果眾生
心中有了污垢，如來法身就無法顯現了。

42. 信心有四種，哪四種呢？第一、信根本真理，就是說樂
於念想真如妙法。第二、信佛有無量功德。經常想着能
夠親近、供養和恭敬佛陀，從而發起善根，發願求學一
切智慧。第三、信佛法有大利益。經常念想修行布施、
持戒、忍辱、精進、禪定、智慧等六種成佛之道。第
四、信僧能正確修行，能自利利他。經常樂於親近菩薩
乘的修行者，求學如實修行之法。

43. 如果修行止觀法門的話，應當選擇安靜的地方。端正坐

姿和態度。不依賴於氣息，不依賴於物質形象，不依賴於空，也不依賴於地水火風，乃至不依賴於見聞覺知之心。讓一切雜亂的想法，隨順着正念而消除。同時，還要把消除念頭的那個想法也遣除。因為一切事物，本來就沒有觀念的分別，既不隨着觀念生起，也不隨着觀念滅除。也不可以先隨着心念去分別各種境界，然後再用一個心念來除去分別心。如果分神了，就應當馬上把心收攝回來，安住在正念當中。應當了解的是，只有心是實在的，心外沒有實存的境界。這個心，也沒有真實的主體，每一個心念都是抓不住的。如果從靜坐起身，在往來動靜當中，就會有各種的生活行為。無論什麼時候，都應當常常以此方便法門修行正念，隨順事物的本性來進行觀察。

44. 外道修行的所有三昧，都沒有離開偏見、愛欲和傲慢自大之心，貪愛執着世間的名利和他人恭敬的緣故。而所謂真如三昧，既不會執着於所見之相，也不會住於證得之相。乃至於出定以後，也不會懈怠散亂，所有煩惱，都會越來越少。如果凡夫不修習真如三昧法門，就不可能進入如來種姓。因為修行世間的各種禪定和三昧，往往會產生對覺受的執着。依賴於自我之見，歸屬於三界的範疇，與外道的修行相同。如果離開善知識的守護，就會生起外道的不正確的知見。

45. 一切世間有生滅的事物，都無法長駐世間，須臾之間就

會變壞。一切心理活動，都是觀念的生起與湮滅。所以人生苦惱。應當觀察：過去所憶念的各種事物，恍惚如夢；現在所念想的各種事物，猶如電光；未來所希冀的各種事物，猶如雲朵，忽然升騰而起。世間一切生命，都是不清淨的，有種種污穢，沒有可值得耽樂的。

46. 一切眾生，從太古以來，皆因為無明的熏習，令心生滅不定，已經承受了一切身、心帶來的巨大痛苦。現在就有着無量的逼迫，未來的苦惱也不會變少，難捨難離，而覺察不到；眾生生活如此艱難，實在是值得憐憫。如此思考的時候，即獲得了勇猛的力量，立下大誓願：願我的心能離開虛妄分別的偏見，佈滿十方，今後不斷地修行一切各種善行和功德，以無量的方便法門把一切眾生從苦惱中救拔出來，令他們得到最高級別的涅槃之樂。

47. 如來有殊勝的方便法門，保護求取佛道的信心。也就是說，以專注於念佛的因緣，隨誓願得以往生他方佛土，常能與佛相見，永遠遠離惡道。如佛經中說：「若人專注念誦西方極樂世界的阿彌陀佛，修行所得善根，迴向給願意求生阿彌陀佛世界的眾生，就能得到往生。常能見到佛，所以沒有退轉。若觀想那尊佛的真如法身，常常勤奮修習佛法，終究會得到往生，因為安住於正確的禪定的緣故。」

析義與應用

　　佛法的修行者在理論上會遇到責任與修行主體的問題。既然「我」不過是「五蘊」（色受想行識）因緣和合的產物，根本就沒有常一實在的一個所謂「我」體，而「法」（事、物）也是因緣和合而生，本無實體（自性），若叫一個虛幻的我為虛幻的事情而煩惱就完全荒謬了。

　　可是，一方面說「無我」，另一方面又說「六道輪迴」，一個人因為他的行善或作惡而在下一世受賞或受罰，那麼，這個輪迴的主體是誰呢？承受獎賞或懲罰的「負責任者」是誰呢？是不是要承認還是有一個不變的主體（不管你叫它「我」還是「人」還是「心」）在不斷的輪迴中持續不變？又既然一切「我」、「法」都是虛幻的，那麼要由「識」轉「智」，又如何可以成就呢？是否還是要承認有一個主體，超脫於緣起，有「自性」，有能力轉識成智的？（因為如果它本身是由緣起而生的，那它就是虛幻不實的，凡緣起而生的都在六道輪迴中，都陷在煩惱和苦中。）這換成儒家的語言，就是說，假如像荀子那樣只說「性惡」，那麼普世之人皆惡人，也不會有聖人（善人），那麼，世界只能陷在惡中，善和善人又會是從哪裏來的呢？假如我們不像基督教那樣認為有一個天外的神仙（基督，他是純善）從天而降來救普世的惡人，那我們就要對聖人（善人）如何產生這個問題加以解決。

　　《大乘起信論》（簡稱《起信論》），就是要解決這個問題，它要確立因善惡行為而在六道輪迴中「負責任」的「責任主體」，也要確立使「轉識成智」成為可能的「修行主體」。這兩個主

體不能是分開、獨立的兩個主體，必須是同一個主體。「修行主體」即擁有成善可能性、且有成善能力的主體，否則佛教就會成為「他力」宗教，需要外在的神、仙、佛來救你，而不是靠着自我覺悟來救己。「責任主體」即承擔自己的惡行帶來的懲罰的主體（比如被罰入地獄受苦），當然也接受由善行帶來的獎賞的主體（比如升入天界享受喜樂），賞罰是由自己的自由意志帶來的。這樣，同一個「主體」就會有兩個功能：一個是這個主體有善的功能，有成善的可能性，或者說成佛的可能性（你可以把它叫做「佛性」或「心」、「心性」等），它應該是超脫於「緣起性空」之上的，也即不落入「輪迴」當中的，否則它不會生出善來，即使有善也會是偶然的，不是必然的，也就是說，它是「自性」的，必然存在的，即本論談及的如來藏。如來藏之「藏」儲存有情眾生在過去無量世及這一世所造的善業、惡業及無記業（不屬於善或惡）的種子。未來因緣成熟時，就會由此身或另外一個色身來承受這個果報。雖然前一世和這一世的身體不一樣，但都源自於同一個如來藏，而如來藏具有儲藏三世（過去世、現在世、未來世）業種的功能，故能連接三世之酬償。

但藏的只是過去所造作的因，受因果法則限制，就沒有主體的作用了。對此，《起信論》繼承了唯識論的看法，發展了「一心二門」的理論，並提出「三大四信五行」的修行法。

本論認為一切法都是一心所造，這個「心」就是我們所有人的心，叫「眾生心」，總攝一切法，是世間和出世間、物質和精神的一切現象和本體，同時又是眾生本來具有的成佛的主體和根

據。心分為「真如門」（自性）和「生滅門」（緣起），二者互相作用影響，生起萬法。從根本來說，一切法都是從「真如」派生出來的，這叫「真如緣起」，由真如生出萬法。心真如（真是真實不虛，如是如常不變，亦即如來藏）是本有的，從未生過，也不會滅，即本則說的「所謂心性不生不滅」。可以夢作比喻，夢裏的事情沒有真實生過，就沒有所謂滅。

心作為「真如」，自性（本性）恆常不變，本來是清淨無為的，為什麼會跟「緣起」（也即生滅變化）扯上關係呢？《起信論》認為，真如不守自性，忽然「念起」，名為「無明」。（「所言不覺義者，謂不如實知真如法一故，不覺心起而有其念。」）由「心體」的「不覺」，而忽然生出「念頭」，陷入緣起界的「無明」。由於無明的妄念執着，從而生起生滅變化的森羅萬象。真如和無明二者的關係是「二而一」。真如為淨法，無明為染法，二者不同。但真如忽然念起，名為無明，無明依真如而起，是真如的一種功用，但它沒有自己的獨立本性，因此二者又是一致的。因此，真如就有兩方面的含義，即「不變」（自性，本體界）與「隨緣」（緣起，現象界）。所謂「不變」，即自性清淨，無有生滅，無有增減，絕對平等，沒有差別之相。所謂「隨緣」，指不守自性，隨緣而起，隨順無明而起生滅變化，顯現出無限的差別現象。本論常以海水因風起波濤作喻，風吹起波濤，瞬息不停，但海水濕性始終不變。真如與此類似，雖因無明風動而起生滅變化，但清淨本性始終不變。真如不變而隨緣，真如既是萬法的本原和實體，又顯出萬法的現象，這就是「一心開二門」的意思。

它要解決「自性」（不變的本體界）與「緣起」（變遷不居的現象界）的矛盾的問題。這就跟基督教神學中超言絕象的上帝本身如何落入世間，捲入世事一樣。如果上帝是完全超越的，不動不變的，沒有形象的，與人完全不像的，那麼，人怎麼能夠認識上帝呢？基督教是通過「道成肉身」來解決這個問題，認為上帝變成了人，來到了人類中間，從而成為人與神中間的橋樑和仲介。本論要在不動不變、超言絕象的自性（心的本體）與變動不居、色相紛呈的緣起界搭起橋樑，解釋如何由不變不動的「一心」生出了豐富多彩、變化不定的世間萬法，也得找到一個仲介。

它找到的仲介就是「阿梨耶識」（即阿賴耶識）。唯識論的阿梨耶識被《起信論》吸納了過來，但賦予了不同的地位。阿梨耶識依真如而起無明妄念，然後真如（心體）、妄念（心念）相互和合。《起信論》說：「依如來藏故有生滅心，所謂不生不滅與生滅和合，非一非異，名為阿梨耶識。」「不生不滅」即真如本體，「生滅」指由無明妄念而起的現象。「非一」是指真如與現象截然不同，「非異」是指真如與現象如水與波一樣，誰也離不開誰。離水無波，離開真如也就沒有生滅變化的現象。阿梨耶識作為「真如」、「心體」與「心念」（生滅現象）之間的仲介，具有「不生不滅」和「生滅」兩性，就如同耶穌基督作為神人之間的仲介，同時具有神、人二性一樣。

阿梨耶識的這兩性，又派生出「覺」和「不覺」兩種狀態。「此識有兩種義，能攝一切法，生一切法。云何為二？一者覺義，二者不覺義。」「覺」即覺悟到真如自性。「不覺」就是認識

不到真如，即是「無明」。「覺」是真如本身具有的覺性，「不覺」則是其缺乏與迷失。「覺」與「不覺」是辯證關係。「不覺」與「真覺」也如此。

阿梨耶識的「不覺」派生出無數妄念，分為「九相」，包括了一切染污之法，這都是由於根本無明不了解真如實相而逐漸生起的。《起信論》認為萬事萬物都是由眾生的「無明」所派生出來的，是虛妄不實的。所以最後結論是「三界虛偽，唯心所作」。我們前面在解說《唯識三十頌》時說過，我們所見的世界，實乃我們的認識能力和工具（如天文望遠鏡）所建構起來的「世界」，並無所謂「客觀獨立」、外在於我們的「世界」。「事物」世界如此，「事情」世界就更是如此，跟我們的視野、意識和行為的關係更加緊密。我們的妄念妄行形成所謂「共業」，就造成了一個「苦」世界。如果人們能反思到清淨本性（本心），加以修煉改過，或許可以造就一個「新世界」、一個「清淨佛土」。

那麼，自性「心體」與生滅「心念」之間有無互相影響的可能？如何解釋人的由善變惡與由惡遷善？《起信論》用「熏習」來闡明真如淨法和無明染法之間的關係。熏習是一種比喻，「如世間衣服，實無於香，若人以香而熏習故，則有香氣」，一物通過熏而改變另一物。淨法染法彼此熏習，可分二種：一種是無明熏習真如，使真如起染法之相，向下墮落，叫做「染法熏習」。一種是真如熏習無明，使無明起淨法之用，向上提升，叫做「淨法熏習」。《起信論》要使人生起正信，修煉成菩薩成佛，因此注意淨法熏習。它強調，熏習要注意內因和外緣，兩者不可偏

廢。「諸佛法有因有緣，因緣具足，乃得成辦」。一個人如果有能力也有意願去修佛法，但是「若不遇諸佛菩薩、善知識等以之為緣，能自斷煩惱入涅槃者，則無是處」，遇不到明師指導，也是不成的。另有人雖然機遇很好，周圍不缺明師和佛教的環境，但內驅力不足，也是不成的。不過總的來說，「熏習」說的重點還是強調「外緣」的作用。因為「熏習」說主要是想說明通過外界的力量可以使事物發生質的變化，因此強調菩薩佛法僧（稱「三寶」）的作用。

大乘佛法之所以叫「大」，是由於作為諸法本原的「眾生心」（即「真如」）具有「三大」：首先是體性大，即平等如一、不生不滅、無增無減、畢竟常恆，一切法都離不開它；其次是德相大，具足大智、大悲、常樂我淨等一切功德之相；第三是作用大，能生起一切善因緣果報。《起信論》對一心、二門、三大講解詳細，主要是為了使人們信仰大乘佛法，因此在解釋了大乘佛法的全部要義之後，接着就敘述對大乘佛法的信仰。信有四個方面：首先是信根本真如，因為真如之法是一切法的根本；其次是信佛、法、僧三寶。如果堅定了這四種信心，成就佛果就有了根本保證。但這樣還不夠，還必須進一步修習五種德行，這就是布施、持戒、忍辱、精進和止觀。《起信論》認為：如果佛弟子能按照一心、二門、三大、四信、五行的順序去做，就能迅速成就佛果，達到解脫的境界。

《起信論》所說的「眾生心」，是指人人都具有的個體的「心」，也可指人類的總的「心」。就人類心而言，我們所認識的

世界就是人類認識的世界，正如天文望遠鏡所看到的宇宙邊界就是人類所看到的宇宙邊界一樣。以前人們說「人化自然」，現在我們可以說「人識自然」，我們所知道的自然都是脫離不了人類認識的自然，是由我們「建構」起來的，談論「沒有被人類認識的自然是否獨立存在」是沒有意義的。就個體的人來說，一個人的知識能力、意願和精力是有限的，其所認識的事物、其所做出的自由意志行為所構成的「小世界」，也可以說是由他自己建構起來的。由於這個建構的世界充滿了煩惱和苦，那麼，你既然可以「建構」，也可以「解構」，把煩惱和苦解構掉。而這需要你對於佛法有深入的了解，依照佛法的提示去反思、滅除自己的身口意造成的（惡）業，尤其要端正意（念），從源頭上清理，改善「小世界」，減輕或消除煩惱和苦。沒有主體的作用，就變成宿命論。若發揮主體的作用，不在現世造「新（惡）業」，就要在身口意方面大加注意，好好修行。

一心二門、熏習等詞，說起來複雜，其實在日常生活中並不陌生。比如：有些人小時候因為做家庭作業不好，遭到家長體罰，留下創傷記憶；等他長大後，自己也有了子女，在教育子女時，因子女調皮搗蛋而禁不住體罰子女，所以體罰這個習慣，就一代代傳下來。這就是熏習。他的父母在他小時打他，在他心裏留下了烙印，把這當作應當的，故此他在遇到自己的小孩調皮時，也就用打來解決問題。熏習久了就成了「第二本性」，成為「傳統」了。對於一個人群、氏族、民族、國家來說，所謂習俗、禮俗也多半是由歷代熏習而成。正如「近朱者赤，近墨者

黑」、「久在芝蘭之室，不聞其香；久在鮑魚之肆，不聞其臭」，說的就是這個道理。可見好習慣、優良傳統的長期培養培植，是很重要的。

「一心開二門」啓發了當代新儒家牟宗三，用之說明「道德主體」和「知性主體」的關係，以道德心來統攝知性，並發展出一釐清儒學與科學知識的思考模式。他視「一心開二門」為一公共模型，具有普遍的適用性，值得持不同思想的人注意（《中國哲學十九講》）。

《六祖壇經‧自序品第一、決疑品第三》

《六祖壇經》（《壇經》）記載中國禪宗六祖惠能一生得法傳法的事蹟及啟導門徒的言教，是惠能的弟子法海編錄，為研究禪宗的重要依據。《壇經》是中國佛教著作中唯一被尊稱為「經」。如前述，主要是記錄佛的言教，才能稱「經」，由於惠能所說能明心見性，等同佛言，故亦稱為「經」。當代史學家陳寅恪稱讚《壇經》：「特提出直指人心、見性成佛之旨，一掃僧徒繁瑣章句之學，摧陷廓清，發聾振聵，固我國佛教史上一大事也。」

〈自序品第一〉

原文

　　　　神秀偈曰：
　　　　身是菩提樹，心如明鏡臺。
　　　　時時勤拂拭，勿使惹塵埃。
　　　　……
　　　　祖曰：「汝作此偈，未見本性，只到門外，未入門

內。如此見解，覓無上菩提，了不可得。無上菩提，須得言下識自本心，見自本性，不生不滅，於一切時中，念念自見，萬法無滯。一真一切真，萬境自如如。如如之心，即是真實。若如是見，即是無上菩提之自性也。」

……

惠能偈曰：

菩提本無樹，明鏡亦非臺。

本來無一物，何處惹塵埃。

書此偈已，徒眾總驚，無不嗟訝，各相謂言：「奇哉，不得以貌取人。何得多時，使他肉身菩薩。」

祖見眾人驚怪，恐人損害，遂將鞋擦了偈，曰：「亦未見性。」眾以為然。

次日祖潛至碓坊，見能腰石舂米。語曰：「求道之人，為法忘軀，當如是乎？」

乃問曰：「米熟也未。」惠能曰：「米熟久矣，猶欠篩在。」

祖以杖擊碓三下而去，惠能即會祖意，三鼓入室。

祖以袈裟遮圍，不令人見，為說《金剛經》，至應無所住而生其心，惠能言下大悟，一切萬法不離自性，遂啟祖言：「何期自性本自清淨，何期自性本不生滅，何期自性本自具足，何期自性本無動搖，何期自性能生萬法。」

祖知悟本性，謂惠能曰：「不識本心，學法無益。若識自本心，見自本性，即名丈夫、天人師、佛。」

三更受法，人盡不知，便傳頓教，及衣缽，云：「汝為第六代祖，善自護念，廣度有情，流布將來，無令斷絕。」

今譯

神秀作偈頌說：

　　身體是菩提樹，心識如明鏡台。

　　時時勤加拂拭，莫使惹塵埃來。

　　……

五祖說：「你作此偈頌，尚未見到本性，只是門外漢，還沒入門。這樣的見解，想尋覓無上的菩提，完全不可能得到。無上智慧須在說話的時候認識自己的本心，看見自己的本性，它們不生不滅，在任何時候都可以對念頭歷歷分明，萬事萬物毫無阻滯。一旦悟得一真，一切都是一真，萬般境界都是真如。這究竟真如的心，就是真實。若有這樣的洞見，即是無上智慧的本性了。」

　　……

惠能作偈頌說：

　　菩提本沒有樹，明鏡也不是台，

　　本來沒有一物，何處惹塵埃來？

這首偈寫完以後，眾弟子無不讚歎驚訝，相互議論說：「真

是奇才啊！不得以貌取人！為何才沒多久的時間，他就成了肉身菩薩？」

五祖看到大家這樣大驚小怪，恐怕有人對惠能不利，於是就用鞋子擦掉了這首偈語，說：「也是沒有見性！」大家以為真是這樣。

第二天，五祖悄悄地來到碓坊，看見惠能腰上綁着石頭正在舂米，說：「求道的人為了正法而忘卻身軀，正是應當這樣！」

於是問道：「米熟了沒有？」惠能回答：「早就熟了！只是欠人篩揀。」

五祖於是用錫杖在碓上敲了三下後離開。惠能當下就領會了五祖的意思，於是在入夜三更時分，進入五祖的丈室。

五祖用袈裟遮圍，不讓別人看到，然後親自為惠能講說《金剛經》，講到「應無所住而生其心」時，惠能在這一句言下大悟「一切事物不離自性」的真理。於是向五祖啟陳說：「原來自性本來就是如此清淨！原來自性本來就沒有生滅！原來自性本來就是圓滿具足！原來自性本來就是沒有動搖的！原來自性本來就能生出任何事物！」

五祖聽了，知道其已悟得本性，便對惠能說：「不能認識自己的本心，即使學習佛法也沒有益處。如果認識自己的本心，見到自己的本性，即可稱為丈夫、天人師、佛。」

三更時分受法，寺眾都不知道，五祖就把頓教心法及衣缽傳授給惠能我，說道：「你已經是第六代祖師了，要好好地自行護念，廣度眾生，將此心法流傳到後世，不要使它斷絕！」

〈決疑品第三〉

師言：「吾與大眾作無相頌，但依此修，常與吾同
處無別。若不作此修，剃髮出家，於道何益？頌曰：

心平何勞持戒，行直何用修禪。

恩則孝養父母，義則上下相憐。

讓則尊卑和睦，忍則眾惡無喧。

若能鑽木出火，淤泥定生紅蓮。

苦口的是良藥，逆耳必是忠言。

改過必生智慧，護短心內非賢。

日用常行饒益，成道非由施錢。

菩提只向心覓，何勞向外求玄。

聽說依此修行，天堂只在目前。」

今譯

師（惠能）說：「我與大眾作《無相頌》，若依據此來修行，
就如常與我一起無分別。若不依據此來修行，即使剃髮出家，於
修道有何益處？頌說：

心地平等何須煩勞持戒？行為正直那裏還用修禪？

知道報恩就能孝養父母，明白義理就能上下相憐。

懂得謙讓就能尊卑和睦，能夠忍辱就能制止眾惡。

若能如鑽木取火般勤修，污泥之中定能生出紅蓮。

苦口的常是治病的良藥，逆耳的必是利行的忠言。

改正過失必定能生智能，維護短處必定心內非賢。

日常生活中常利益他人，成道不是只由布施錢財。

菩提只需要向內心尋覓，何必徒勞向外求取玄妙？

聽我說偈之後依此修行，西方極樂淨土就在目前。」

析義與應用

我們從前面《大乘起信論》知道，眾生心（佛性、自性）既是清淨不變的「心體」，又「隨緣」而生各種生滅的「心念」，似乎「一心二相」，一為「淨相」，一為「染相」，而心最終到底是淨是染，還要看誰把誰「熏習」了。欲要以「淨」熏習「染」，使「生滅」得到淨化，就要借助於「外緣」的力量，比如聽聞菩薩、佛說法，或者得到師父的指導教示。但是這種理論，是有缺陷的，因為它把擺脫苦海的希望，主要寄託在外在的機遇上。如果說《大乘起信論》從前人的「無我無法」推向了「我心開我法」，強調了「一心」之作用，但「一心」尚不能完全自立，因為它要「覺」，就有待於「外緣」（善知識等）來開示教導它。而《壇經》則強調，「一心」根本就在那裏，自己就能覺悟，就能成佛。外緣的作用很小，內因的作用才是主要的。

《壇經》是佛教中國化後的一大成果。它記述了禪宗六祖惠能的經歷和思想。他在吸收以往大乘佛教支派理論的基礎上，將儒道關於人性思想和語言等納入其中，建立起「明心見性」、「掃落名相」的思想風格。我們知道，儒家人性思想主流是「性

善論」，認為「天命之謂性，率性之謂道，修道之謂教」，把老天賦予你的天性（仁）發揮出來就可以了。至於惡則是「過猶不及」，對天性把握不到位產生的惡，是後天形成的，受外物擾亂而有的。修養（修善）就是「求其放心」，把本來的善性修復過來。道家也認為人的天性是完美的（老莊對嬰兒、赤子、初人有許多讚美），只是後來才被仁義禮智搞壞了。關於心在清除思想煩惱、精神痛苦的作用，莊子說過，「至人之用心若鏡，不將不迎，應而不藏，故能勝物而不傷」。把心當鏡子那樣，影子過去了就過去了，不滯留於心中生起情緒。對於語言，道家有很深刻的說法。比如莊子說「勿為名屍，勿為謀府」，就指出了「名」不符「實」，「名」常常是「實」的「屍」，只具有標本的意義，而「思想」（謀）只是一時之聚集（府）而已。因此，一個人不應該成為「名屍」，受「名」的支配，也不應該被所謂「思想」控制住。道家很早就意識到語言的局限性，指出要領悟「道」是「不落言筌」的，「道可道，非常道；名可名，非常名」，所說的東西跟意指的東西，常常是兩碼事，人容易被語言牽制，「循名責實」，而根本發現就沒有「實」可言。由於語言就是思想的邊界，因此，看透語言的局限性就相當於看透了思想的局限性，「超言絕象」就成為哲學討論和宗教修煉中要達到的一個目標。

《壇經》提倡「明心見性」，要用般若的空觀來破除煩惱的執着。「明心」就是明瞭無煩惱的清淨心，「見性」就是自修自行，見到自心的佛性。佛性就是如來藏，清淨心就是般若智慧。明心一定能見性，見性一定心地光明。

這已跟以前的中觀哲學不同。從中觀的立場來看般若，般若就是《心經》所謂「照見五蘊皆空」，諸法無自性，當然是空，照到這一步就夠了，不用再有如來藏、佛法、法性。找到我苦的原因在於我執，只要去執，除掉我的苦就可以了。我不用繼續假設我還有一個什麼自心、自性。可是從如來藏系統來看，般若只是功能，不是其本體；功能必定有其所屬，這樣就產生了「如來藏」和「佛性」等思想。《壇經》一方面啟用了般若，緣起法空，破除執着（空宗思維）；另一方面又認為心有如來藏，修持有一個主體（有宗思維）。所以，有論者認為惠能把「空有相融」。中觀只是破，《壇經》卻是破中有立。

　　在惠能那裏，禪宗實現了中國化，不僅是語言表達上，而且是思想、修持功夫上實現了中國化。佛教初傳入中國時，「沙門不敬王者」，推崇出家生活，在儒家看來是「無君無父」，不重視人倫價值。經過數百年的磨合，到禪宗時，要求人們回到「擔水砍柴」的「平常境界」，重新重視日常生活，鼓勵生產勞動（「一日不作，一日不食」），隨順世俗價值（如對於孝道的推崇）。禪宗回到日常生活，是在經過了反思後的重歸，即所謂「看山仍是山，看水仍是水」，心境兩忘，了無執着；在心態上，是「以佛心做儒事」，「超聖入凡」了；在禪修上，則揚棄了印度傳統的「枯坐冥想」止觀的一套，而用「單刀直入」、「見自本身」的中國人較接受的方法。而禪宗的悟是指在活潑、實在的生活中，不受境界所動搖的心。

　　佛學影響了儒家發展出理學。宋明理學汲取了佛教心性學

說，提升了儒學本體論。禪宗謂「明心見性」，理學有「致良知」。《壇經》說，自性本性無生無滅，可以說是沒有善惡的；心念則墮入了生滅界，有了善惡，如海水被風吹起了波浪。明朝理學家王陽明的「四句教」則說：「無善無噁心之體，有善有惡意之動，知善知惡是良知，為善去惡是格物。」王陽明學說中，「良知」是心的本體，人人具有；「致」是《大學》中的「格物致知」思想，即「行」。理學家吸收了佛教明心見性的方法，對「格物致知」學說作了發揮，即通過「格物」（推究萬物）而明見自己善的本性。

隋至唐中葉為佛教在中國發展的鼎盛時期，僧人已對佛教教義融會貫通，成立中國本土色彩的佛教宗派，除禪宗以外，還包括天台、華嚴、法相、淨土、律等宗。尤其佛教在印度衰亡以後，中國成為亞洲的佛教重鎮，影響及周邊的一些民族與國家的佛教發展。宋代佛教仍盛，以禪宗與專修往生阿彌陀佛西方極樂世界淨土之法門的淨土宗成為實修的兩大法門。在明代，儒佛道三教合流開始成為中國思想的常態；在此基礎上，發源自遠古以自然崇拜（尤其對天）和祖先崇拜的民間信仰，爾後進一步形成相互貫通、融合的宗教生態，以及不同的教派，如白蓮教、羅教、八卦教、一貫道。佛教到明清轉為衰弱，而到了民國，幾乎喪失了弘法利生的濟世情懷，淪為山林化和鬼神化的民間信仰。面對佛教的低落，以及外強侵凌的國難，太虛大師（1890－1947）舉起適應現代生活的「人生佛教」旗號，延續了禪宗「入世」的傳統，且為其學生印順在台灣與海外繼承與發揚。

《菩提道次第廣論・三士道》

《菩提道次第廣論》作者為藏傳佛教格魯派（黃教）創始人宗喀巴（1357－1419），內容為顯教的教法。本則摘錄其核心內容，起名為〈三士道〉。宗喀巴之後完成有關密教的《密宗道次第廣論》。此兩本著作，被民國時期的法尊法師（1902－1980）翻譯成漢文。

原文

　　下士道

　　念死無常三惡趣苦皈依三寶深信業果。

　　中士道

　　希求解脫思惟苦諦思惟集諦十二緣起除邪分別解脫正道。

　　上士道

　　入大乘門菩提心次第儀軌受法學菩薩行布施波羅蜜持戒波羅蜜忍辱波羅蜜精進波羅蜜禪定波羅蜜般若波羅蜜四攝法奢摩他毘缽舍那。

今譯

下士道

念及生死無常和三惡道（畜生、餓鬼、地獄）的痛苦，皈依佛、法、僧三寶，深信因果報應。

中士道

希望求得解脫，思考痛苦的原理，思考痛苦的聚集和十二因緣之法，消除邪見、分別見，走上修行解脫正確的道路。

上士道

入大乘佛教之門，次第培養菩提心，按照儀軌受律儀戒，學習菩薩的善行：布施、持戒、忍辱、精進、禪定、般若等解脫之道；菩薩行者度人的四種方法（布施、愛語、利行、同事）；修止、修觀。

析義與應用

《菩提道次第廣論》，簡稱《廣論》，是藏傳佛教的經典之一，由法尊法師譯為漢典後，成為當代漢傳佛教中影響力最大的一部藏傳佛教經典。《廣論》是宗喀巴應一些修行者的祈請而寫，講述了修習成佛的階梯和步驟。宗喀巴攝取三藏十二部精華，參照印度僧人阿底峽的《菩提道燈論》和文殊菩薩的《三主要道》，從入門到成佛，整理出一整套修行次序。總體原則是「信為能入，智為能度」，憑着對佛的信心進入佛法，聽聞佛理，以智慧去認識苦的原因，擺脫生死輪迴。這就跟現代學術等級一樣，從文盲、小學生到博士畢業，每一級都有相應的要求，只有

達到要求合格後才能升入下一等級。

根據修習者的根器深淺程度，對不同水準的修習者有不同的要求。對於「下士」（低等級）來說，由於這些人「天不怕地不怕」，只怕死怕受損害，因此就要讓他們怕他們最怕的，以死亡、無常來警醒他們，以做壞事就會在下一世墮入「三惡道」（畜生、餓鬼、地獄）來震攝他們，使他們知道不能為所欲為，也不能靠着自己一貫的行為來脫離惡果，認知所有的惡行都按照因果報應而受到果報，因此，欲要得救，就一定要皈依佛法僧三寶，在僧人指導下了解佛法，不要做惡，努力行善。

「中士」希望能夠擺脫世間生死輪迴，因而要了解苦以及造成苦的原因，了解十二因緣，了解因分別而生好惡，因好惡而生執着，因執着而生煩惱。消除邪見、分別見，就是排除修習中的一些錯誤見解，比如只修行單對自己有好處的法，只顧救己脫離苦海，不顧救人。中士道修出離心、四聖諦、十二因緣觀，也是為了引入上士道的發願度眾。

「上士」更進一步，身體力行，並嚴格地按照儀軌來修習，除自己修六波羅密（布施、持戒、忍辱、精進、禪定、般若），還要外行四攝法（布施、愛語、利行、同事），利用四種攝受方便之門令眾生產生一種好感和依附之心，獲得他們的信任，使他們更容易親近佛法。學習佛法，要有利己也利人的心態，這才能真正解脫。

對上、中、下三士的要求，也可對應於不同的人群。「下士」大致相當於普通的向善民眾和信眾的水準；「中士」相當於「居士」

的水準，雖然在家，但是持守佛教的一定戒律（比如不殺生、不偷盜、不淫邪、不妄語、不飲酒），跟菩薩道類似，在日常生活中幫己幫人；「上士」相當於「出家人」的水準，專志進修，一心精進。

三士道不論是修顯教或密教的都要學習的，故又稱之為「共同道」。藏傳佛教認為欲迅速成就無上菩提以利樂有情，大乘行者在修學共同道的基礎上，應進修密乘諸道。宗喀巴認為密宗是佛教的最高教法，它是在以前各等教法上的圓滿教法。密宗是有師父指導的，要在師父指導下按照嚴密的步驟一步一步地修持，合格後方能進入下一步驟。宗喀巴反對漢地禪宗的頓悟法，認為空談心性，不立文字，易生懶散，不成風紀。他講次第修行，正是要僧人嚴格克己，持戒修行，無漸無頓，以漸生頓，方是正道。

「秘密大乘佛法」（密教）是晚期印度佛教的主流。印順法師在《印度佛教思想史》中指出，「秘密化的佛教，不論說是高深的、墮落的，或者說『索隱行怪』，但無疑是晚期佛教的主流，是不能以秘密而忽視的。」他說，秘密大乘佛法創發、弘傳、盛行於印度東方，達 800 年之久，但在回軍的摧殘，印度神教的攻訐下，竟於十二世紀迅速的衰滅了。

密宗卻在藏傳佛教中得以較為完整地保存下來。聖嚴法師認為藏傳佛教的發展是西藏本土的苯教等民間宗教加上印度晚期混合婆羅門教的佛教密教思想而完成的。藏傳佛教文獻卷帙浩繁，以淵博深奧見稱，其特色還是以秘密大乘佛法為主。藏傳佛

教（流傳地包括中國藏區、尼泊爾、不丹、印度北部一些地區、以及俄羅斯的圖瓦和卡爾梅克）與漢傳佛教（以漢譯經典為本，主要流傳於中國大陸、台灣、朝鮮半島、日本與越南等地）、南傳佛教（以巴利語為聖典語言，現今流行於斯里蘭卡、緬甸、泰國、柬埔寨、寮國、越南高棉族、老撾族及中國泰族聚居地等地）並稱佛教三大地理體系。近現代，這三大體系逐漸流傳到世界各地，佛教成為三大世界性宗教之一（其二為基督宗教和伊斯蘭教）。

《妙雲集・一般的世間行：人天行》

本則錄取自《妙雲集》中編之一〈佛法概論〉，作者為印順法師（1906－2005）。百度百科指這鉅著對現代及未來之中國佛教都會產生廣泛而深遠的影響。法師以《中國禪宗史》一書，獲頒日本大正大學的正式博士學位，為中國比丘界首位博士，著作等身。

原文

　　出世的德行，是一般德行的勝進，是以一般人的德行為基礎而更進一步的。佛法為了普及大眾，漸向解脫，所以有依人生正行而向解脫的人天行。佛弟子未能解脫以前，常流轉於人間天上；而佛法以外的常人，如有合理的德行，也能生於人天，所以佛法的世間正行，是大體同於世間德行的。釋尊為新來的聽眾說法，總是，「如諸佛法先說端正法，聞者歡悅，謂說施、說戒、說生天法」（如《中阿含·教化病經》）。我們知道，生死是相續的，業力的善惡會決定我們的前途。在沒有解脫以前，應怎樣使現生及來生能進步安樂，這當

然是佛弟子關切的問題。佛法不但為了「究竟樂」，也為了「現法樂」與「後法樂」。怎樣使現生與未來，能生活得更有意義，更為安樂，是「增上生」的人天心行。也即是修學某些德行，能使現實的人生更美滿，未來能生於天上人間。釋尊的時代，一般人或要求人間的美滿，或盼望天宮的富樂自由。依佛法真義說，天上不如人間；但隨俗方便，也說生天的修行。印度宗教的人天法，充滿了宗教的迷信生活——祭祀、祈禱、咒術等；而佛說的人天法，即純為自他和樂的德行——施與戒，及淨化自心的禪定，主要為慈悲喜捨的四無量心。

布施不如持戒，持戒不如慈悲等定，這是佛為須達多長者所說的（《增一含·等趣四諦品》）。布施是實際利他的善行，但一般含有不純正動機，如「有為求財故施，或愧人故施，或為嫌責故施，或畏懼故施，或欲求他意故施，或畏死故施，或誑人令喜故施，或自以富貴故應施，或諍勝故施，或妒瞋故施，或憍慢自高故施，或為名譽故施，或為咒願故施，或解除衰求吉故施，或為聚眾故施，或為輕賤不敬施」（《智論》），這都不是佛陀所讚歎的。即使是善心淨心的布施，究竟是身外物的犧牲，不及持戒的功德。持戒是節制自己的煩惱，使自己的行為能合於人間的和樂善生的目標。然一般的說，持戒還偏重身語的行為，如慈悲喜捨等定，降

伏自心的煩惱，擴充對於一切有情的同情，這種道德心的淨化、長養，更是難得的。即使還不能正覺解脫，也能成為正覺解脫的方便。所以釋尊常說：布施、持戒，能生人天；要生色界天以上，非修離欲的禪定不可。不過，禪定是傾向於獨善的，偏重於內心的，如修慈悲、欣厭等禪定而取着，即會生於天國。從正覺的佛法說，還不如持戒而生於人間的穩當。

今譯

本則是用現代文字寫成，這裏故只對其中個別詞彙作解釋。「勝進」指達成某一修行境地，稱為自分，由之更向其他殊勝之修行境地前進者，稱為勝進。「人天行」指修行佛法五乘中的人乘、天乘（其餘為聲聞乘、獨覺乘、菩薩乘），着重積集世間福行的增上心，以現世樂、後世樂為滿足，是佛教的共世間法。「增上生」指凡夫求來生所得的果報（壽命、名譽、財富、知識、能力、健康、家庭和樂等），比起今生來，要增勝一些，上進一些。就佛法而言，這是不徹底的，但求向上進步，是正當的。「人天」指六道輪迴中的人道和天道，亦泛指諸世間、眾生。「色界天」乃世界的三界（欲界、色界及無色界）之一，此界天人，仍保有色身（物質身），但已無欲樂。「欣」指欣求極樂、願生西方，「厭」指厭離身處的世界。

析義與應用

在現代中國佛教，印順法師起了承先啟後的作用。他為太虛大師的學生，1949 年從大陸移居香港，1950 年代初因事在台灣留下來。他畢生致力推行「人間佛教」，重視「此時，此地，此人」的關懷，主張「佛法以人為本，也不應天化、神化。不是鬼教，不是（天）神教，非鬼化非神化的人間佛教，才能闡明佛法的真意義」。而今，人間佛教已是當代中國佛教的一主流思想。趙樸初（1907－2000）於 1980 年任大陸的中國佛教協會會長不久後，重提人間佛教；協會 1987 年第三次修改章程，首度將人間佛教列為「宗旨」的一部分；自 2010 年起章程規定「踐行人間佛教思想」，「莊嚴國土，利樂有情」。但在大陸，除少數地區，人間佛教思想並未帶來佛教在社會服務方面的重大進展。在台灣，佛教幾大山頭皆服膺人間佛教，佛光山的星雲大師（1927－2023）、法鼓山的聖嚴法師（1931－2009），以及印順的弟子慈濟的證嚴法師（1937－）等都致力於佛教融入一般人的生活，對治現代人的心理困擾，並介入現實問題，在醫療、教育、賑災、環境保護、企業社會責任等領域，扮演積極角色；它們的信眾遍及香港、大陸以及海外，在當地推行社會服務。其中於 1966 年在花蓮創立的慈濟於 2006 年立宗，成為漢傳佛教千年來再立宗的道場，以身體力行人間的菩薩道為其信條。

事實上，沒有標榜人間佛教思想的佛教宗派或團體也在從事許多入世的工作。但人間佛教也引來佛教其他宗派、人士的批評，主要為：並未提供一套具體的修行方法；倡導「不急求解脫」

是不關心究竟的解脫；沒有顧及六道其他衆生，落人本之狹隘，且過份世俗化。

對有關質疑，或可用印順法師的話來辯解，他在《印度之佛教·自序》說：「釋尊之為教，有十方世界而詳此土，立三世而重現在，志度一切有情而特以人類為本。」這也說明人間佛教為何對入世修行救人的菩薩行尤為推崇。一般信衆希望能由人間升入天堂（天上），表明自己修行證得了善果，但從菩薩道來說，升天是一種「獨善」，救了自己卻顧不上別人，而菩薩卻「我不入地獄，誰入地獄」，即色即空，留在世間度化衆生。用基督教來類比，這大致相當於上帝化身成人，來到世間受苦，以拯救世人了。那什麼是在世間救人的最好的方法呢？一是直接幫助別人，如布施，另一是持戒。持戒是在世間進行的，影響自己也可以影響他人，作為佛教道德的表率。布施以財施、法施、無畏施為主，也就是施與財物、飲食乃至佛法，在衆生身心不安、害怕的時候，幫助他們消除恐懼。就布施來說，由於布施可能出自各種各樣的動機，不一定都是端正的（比如出於驕傲、攀比、有所求而布施）。佛教主張布施時之應有態度為「三輪體空」，即不執着施者、受者和所施之物這三輪，但做起來並不容易。布施且屬外物之施捨，相對於修德的持戒，是比不上的。這類似於儒家所謂「三不朽」，立德、立功、立言，以立德為首。

對持戒的重視其實是依從佛陀的遺訓。佛將入涅槃，侍者阿難問佛：「佛在世時，我們以佛為師，佛滅度後大衆以何為師呢？」佛言：「以戒為師。」佛教三無漏學中，分「戒、定、慧」，

以戒律為首；戒的本義為「好行善道，不自放逸」，是佛教徒一切修持的根本。唐朝所創律宗是漢傳佛教宗派之一，因着重研習及傳持佛教戒律、嚴肅佛教戒規而得名。佛教團體有用戒律作組織管理，如佛教慈濟慈善事業基金會，就是「以戒為制度，以愛為管理」，在全球運作。它沒有具體的規章守則，但所有人員都要遵守十個戒律。

其他宗教、文化也看重戒律。根據《聖經》記載，上帝給以色列的先知和首領摩西頒布十條戒律，以十誡為代表的摩西律法是猶太人的生活和信仰的準則。十誡在基督教，以至西方社會中也有很重要的地位。伊斯蘭教也有自己的一套戒規，觸及由飲食、金融到戰事以及福利等生活及社會的每一個方面。各個宗教、文化戒條中許多內容是相同的，並以法律或刑責的形式體現，如不可殺人、不可偷竊。但其他一些戒條，如不殺生（人類以外的生命）、不妄語（在法庭以外的不實之言）、不淫邪（包括婚姻以外的不正當性關係），要孝敬父母，則較涉及個人選擇、私德。儒家講求「慎獨」，就是在別人看不見的時候，也能慎重行事，背後也就是持戒，自我約束。孔門最著名的戒條之一是：「非禮勿視，非禮勿聽，非禮勿言，非禮勿動。」這跟佛家守住六根（眼、耳、鼻、舌、身、意）意思類似，就是不要在聲色上追逐，令煩惱進不了門。

佛教認為出世的比世間的德行優勝，本則指「出世的德行，是一般德行的勝進」。人間佛教重視如何讓人修行、提升，所以肯定「增上生」。就菩薩道的理想來說，是要居於人間，與眾生

一道，救苦救難；要最有效果地達到這一點，居士一般比僧人方便，因為居士就是過着普通生活的人，能夠「入世」地幫助、影響別人，將佛教的道理通過在家的生活顯示給別人，使他們對佛法僧生起信心，起到一般僧人有時難起到的作用。

佛籍記載中最著名的居士非維摩詰莫屬。這位佛陀的在家弟子，雖在俗塵，卻精通大乘佛教教義，修為高遠，且到處說法，甚至進出賭場與妓院，還與外道往來，度化沉淪執迷之人。維摩詰以自己疾病為由，引領大眾前去詢疾問病，借此說法，並提出與之相關的種種設問，教導大眾「空相」的大乘佛法。當今不少佛教信仰的在家修行者，也起到應用佛教義理濟助人心的作用。比如，1953 年日本學者吉本伊信在佛教的基礎上提出「內觀療法」（Naikan Therapy），解決當時日本人的心理問題。它讓人通過內觀體悟，放下既定的經驗、思維、邏輯、知識等，快速到達症狀根源，化解自我執着心、比較心與妄想心，從而整合內心分裂與矛盾，解脫心理痛苦，直達慧根。「內觀療法」由上海的王祖成教授引入中國，據說，它在學校、工廠和監獄對於一些青少年的心理治療和精神矯正起到了很好的作用。

佛教的終極目標或關懷是讓人得到「解脫」。釋迦牟尼時代至今的二千五百多年間，人類社會有了很大的進步，特別是物質條件方面，但要面對的一些人生根本問題 —— 貪瞋癡等無明做成的苦 —— 仍在。而進入現代，發展迅速的資訊科技與生物科技聯手，正在顛覆及重塑題人類社會以至身心，例如：互聯網令腦袋產生對資訊的「飢餓性」需求，但同時注意力變得短暫；基

因改造讓身體某些機能升級，將來甚至可以操弄自己的內在系統。我們要應付的問題更多、更複雜了，因而也要更大的智慧去處理。人類當然要尋求新的思想、方法去解決問題，但也應借助、重新解讀佛教等古代留傳下來、經歷史沉澱的智慧，以應對新舊挑戰，讓自己活得更好，得到解脫。

世間苦難偏多，有的還在規模、頻繁度或嚴重性方面出現上升的趨勢，如：氣候變遷、疫症、貧富差距、戰亂；而它們或多或少都是人禍——人心出了問題而造成的。菩薩所緣，緣苦眾生，菩薩行者以對大地與眾生的愛惜，推動地球環保，守護人類的家園，並同時推行「心靈環保」，淨化心靈，解決人心問題。清淨在源頭，如宋代朱熹的詩言「問渠那得清如許？為有源頭活水來」，一切從心出發。佛弟子修行的八項內容（八正道）：「正見、正思維、正語（不誑語）、正業（守戒）、正命（正當的謀生方式）、正精進、正念、正定」，就是從端正思想（正見、正思維）開始，踐行三項正派的社會行為（正語、正業、正命——也就是持戒），朝着對的方向努力不懈（正精進），樹立正確的理念（正念），並如實如理地修習禪定（正定），修行才有成就。「正念」一詞近年頗為流行，應用在多個範疇，如教育、親子關係、治病。美國醫學博士喬‧卡巴金（Jon Kabat-Zinn）創立的正念療法是個專注於當下，全然開放的自我覺察的禪修課程，可幫助紓緩壓力、焦慮、疼痛等。這種自我覺察（mindfulness）只是八正道的「正念」內容的一個方面。八正道的「正念」的要義乃藉着持善棄惡，形成思維穩定、不放逸的力量，是從根本上

斷除煩惱的法門。如今佛教界普遍鼓吹建設人間淨土的理念，也就是心靈環保，即樹立正念；只要你的一念心淨，此一念間，你便在淨土，淨土便在人間。心淨則國土淨，心安則世界安。不論我們是否佛教徒，樹立正念，加上持戒，是立身處世的根本，社會祥和、天下無災難的基礎。

責任編輯：黃杰華
封面設計：簡雋盈
排　　版：陳美連
印　　務：劉漢舉

佛典選要
今譯、析義與應用

□
編著
鄭偉鳴　周偉馳

□
出版
中華書局（香港）有限公司
香港北角英皇道499號北角工業大廈1樓B
電話：(852)2137 2338 傳真：(852)2713 8202
電子郵件：Info@chunghwabook.com.hk
網址：http://www.chunghwabook.com.hk

□
發行
香港聯合書刊物流有限公司
香港新界荃灣德士古道220-248號荃灣工業中心16樓
電話：(852)2150 2100　傳真：(852)2407 3062
電子郵件：info@suplogistics.com.hk

□
印刷
美雅印刷製本有限公司
香港觀塘榮業街6號海濱工業大廈4樓A室

□
版次
2023年6月初版
© 2023中華書局（香港）有限公司

□
規格
16開（210mm x 153mm）

□
ISBN：978-988-8809-80-6